www.ingramcontent.com/pod-product-compliance
Lightning Source LLC
LaVergne TN
LVHW021222080526
838199LV00089B/5814
9789369080281

انوکھا پریم
(ڈرامے)

نقی نور دہلوی

© Naqi Noor Dehlvi

Anokha Prem *(Dramas)*
by: Naqi Noor Dehlvi
Edition: May '2025
Publisher :
Taemeer Publications LLC (Michigan, USA / Hyderabad, India)

ISBN 978-93-6908-028-1
9 789369 080281

مصنف یاناشر کی پیشگی اجازت کے بغیر اس کتاب کا کوئی بھی حصہ کسی بھی شکل میں بشمول ویب سائٹ پر اَپ لوڈنگ کے لیے استعمال نہ کیا جائے۔ نیز اس کتاب پر کسی بھی قسم کے تنازع کو نمٹانے کا اختیار صرف حیدرآباد (تلنگانہ) کی عدلیہ کو ہوگا۔

© نقی نور دہلوی

کتاب	:	**انوکھا پریم** (ڈرامے)
مصنف	:	**نقی نور دہلوی**
صنف	:	ڈراما
ناشر	:	تعمیر پبلی کیشنز (حیدرآباد، انڈیا)
سالِ اشاعت	:	۲۰۲۵ء
صفحات	:	۱۲۲
سرورق ڈیزائن	:	تعمیر ویب ڈیزائن

فہرست

(۱)	مجھے تم سے محبت ہے	9
(۲)	سماج کا دان	28
(۳)	پرماتما کا انصاف	43
(۴)	بیگم نمبر تین	60
(۵)	خودکشی	68
(۶)	ہار	89
(۷)	انوکھا پریم	106

اِنتساب

ٹوٹے ہوئے دل کے یہ بے آب ٹکڑے

اِس جنت نصیب روح کی نذر ہیں

جس کی جاں نواز زندگی کو میری بدنصیبی نے

افسانہ بنا دیا۔

سوگوار نقی نور

پیش لفظ

مجھ سے فرمائش کی گئی ہے کہ میں جناب محمد نقی نور دہلوی کے بعض ڈراموں کے متعلق اپنی رائے کا اظہار کروں۔

میں نہ نور صاحب سے واقف ہوں۔ نہ مجھے اُن کے ڈرامے دیکھنے کا کبھی اتفاق ہوا لیکن جس طرح مجھے اپنی اور بہت سی "ناآگاہیوں" پر افسوس ہے اسی طرح اس پر بھی ہے۔ کیونکہ یہ ڈرامے اتنے اچھے ہیں کہ مجھے ان کے مطالعہ کے لئے وقت نکالنا چاہیئے تھا اور نور صاحب کا طرزِ تحریر اتنا دل کش ہے کہ مجھے اُن سے بھی واقف ہونا چاہیئے تھا۔

اس مجموعے میں سات ڈرامے ہیں جن میں سے اکثر یا غالباً سب کے سب ریڈیو سے نشر ہو چکے ہیں۔

اوّل تو ڈراما لکھنا یوں بھی آسان بات نہیں، چہ جائیکہ ریڈیائی ڈراما اس کے لئے خاص سوجھ بوجھ کی ضرورت ہے۔

اگر کوئی شخص آپ کے سامنے بیٹھا ہوا آپ کی باتیں سُن رہا ہے تو آپ اپنی گفتگو کی کمی کو یوں بھی پورا کر سکتے ہیں کہ اپنے بعض جذبات کو حرکات سے ظاہر

کردیں لیکن جب صورت یہ ہو اور صرف سماعت ہی کی وساطت سے تمام باتیں ذہن نشیں کرانا ہوں۔ تو پھر بیان وزبان دونوں کا اسلوب بدل جائے گا اور بہت سی وہ باتیں جو آنکھ سے بتانے کی تھیں ان کو کانوں کے ذریعہ سے سمجھانا پڑے گا۔

رومان" و ڈراما" دو علیحدہ چیزیں ہیں اور دونوں کا ٹکنک تارو پود ایک دوسرے سے مختلف ہے لیکن ریڈیائی ڈراموں میں اکثر بیشتر ان دونوں کو ملا کر پیش کیا جاتا ہے اس لئے ریڈیو کا کامیاب ڈرامٹسٹ وہی ہو سکتا ہے۔ جو بیک وقت افسانہ نویس بھی ہو اور تمثیل نگار بھی۔

ایک اور مشکل اس نوع کے ڈرامہ کے لئے یہ بھی ہے کہ ان کے پاس وقت کم ہوتا ہے یعنی زیادہ سے زیادہ آدھے گھنٹے اور کبھی کبھی صرف پندرہ منٹ میں اسے وہ سب کچھ پیش کرنا ہوتا ہے جس کے لئے معمولی ڈراموں کو دو ڈھائی گھنٹے کا وقت دیا جاسکتا ہے۔ اس لئے تمام واقعات کو خوب صورتی کے ساتھ اس طرح سمیٹنا کہ پلاٹ کی دلکشی کردار کا تجزیہ اور جذبات کا مدوجزر ان میں سے کوئی چیز چھوٹنے نہ پائے مشکل کام ہے۔

نور صاحب کے ان ڈراموں میں تمام ان خوبیوں کی جھلک نمایاں ہے اور میں سمجھتا ہوں کہ فنی حیثیت سے ان میں وہ تمام خصوصیات پائی جاتی ہیں جو ڈراما نگار کو کامیاب بنانے کے لئے ضروری ہیں۔

نیاز مند

(نیاز فتح پوری، ایڈیٹر نگار)

مجھے تم سے محبّت ہے

افرادِ تمثیل

شمس ــــــ ایک خوش نداق نوجوان۔ بیرسٹر
ریحانہ ــــــ ایک تعلیم یافتہ دوشیزہ
شمس کے والد ــــــ نرس ــــــ ڈاکٹر

پہلا منظر

برسات کا مہینہ ہے شام کا وقت - ندی تیزی کے ساتھ بہہ رہی ہے۔ کنارے پر سبز سبز گھاس کا مخملی فرش ہے، چاروں طرف گلاب نرگس اور موتیا کے جوان جوان پودے ہوا میں جھوم رہے ہیں۔

سورج کی کرنیں پانی اور گلاب کے پتوں کو سنہری بنا رہی ہیں۔ شمس ایک صاف ستھرے پتھر پر بیٹھا ہوا ایک نامکمل تصویر میں رنگ بھر رہا ہے - پاس ہی ستار کی چھڑ ایک پتھر کے ساتھ اٹکی ہوئی ہے۔

شمس - رنگوں کی زبان۔ گلابی رنگ کی مستی —— بھورے رنگ کی خوشگی —— سبز رنگ کی آس زرد کی مایوسی —— سرخ کی خوشی اور سیاہ کی غمگینی —— آہ سب بے کار —— میرے لئے سارے رنگ بے کار —— اگر میں اس سے کہوں کہ مجھے تم سے محبت ہے تو وہ کیا کہے گی؟ مگر یہ کس طرح کہوں —— نہیں میں نہیں کہہ سکتا! —— بہت دیر ہوگئی —— شاید وہ آج نہ آئیں ——

(کسی کے آنے کی آہٹ معلوم ہوتی ہے)

شمس - وہ آگئی۔ میری ریحانہ . . . . آگئی۔ سبزہ بھی جھومنے لگا۔ اس کے قدم چومنے کے لئے

ریحانہ ۔آپ ابھی تک اُسی تصویر میں کھوئے ہوئے ہیں ؟

شمس ۔ ہاں ۔دیکھو اب ٹھیک ہے نا؟

ریحانہ ۔کیوں نہیں ــــ! مگر میں تو اس کی تعریف کروں گی جو اُداس اور پژمردہ منظروں کو چمکیلے اور مسکراتے ہوئے منظروں میں تبدیل کر دے ۔

شمس ۔ بارش کو تھمے ہوئے بہت دیر ہو گئی ۔اب تو آسمان صاف ہے ۔

ریحانہ ۔ ہوگا ۔

شمس ۔ دیکھو اس گلابی رنگ کی جھلک نے منظر میں کیسی دل کشی پیدا کر دی ہے نہیں ؟ اب تو منظر میں اُداسی اور پژمردگی نہیں ہے ؟

ریحانہ ۔ ہاں مگر کالے کالے بادل تو ویسے ہی ڈراؤنے ہوتے ہیں ۔

شمس ۔ اچھا تصور کرو کہ وہ بادلوں میں سے سورج نکلا اور سارا منظر سنہرا ہو گیا ۔اگر میرا نقاد اسے پسند کرے تو میں اپنے شاہکار کا نام طلوع رکھ لوں ؟

ریحانہ ۔آپ کی خوشی کے لئے تو آپ کا نقاد اسے پسند کرے گا ۔مگر یہ کچھ اچھا نہیں !

شمس ۔ ڈوبتے ہوئے سورج سے طلوع ہونے والے سورج کا کام لینا کیا "فن" نہیں ہے ۔آپ نے موسم بہار میں خزاں کی شام نہیں دیکھی ــــ ؟

ریحانہ ۔ (مسکراتے ہوئے) میں ایک مایہ ناز بیرسٹر سے کیا بحث کر سکتی ہوں ۔

شمس ۔ نہیں نہیں یہ بات نہیں ہے ۔اس وقت تو میں ایک مصور ہوں ۔

ریحانہ ۔ نہیں ایک شکاری بھی ۔

شمس ۔ (ہنستے ہوئے) ۔ ہاں اور آج یہ شکاری بہت جولانیوں پر ہے ۔

ریحانہ ۔بہت ساری مچھلیاں پکڑلی ہوں گی ۔

شمس ۔ کیوں نہیں ــــ !

ریحانہ ۔ کتنی ہیں۔ ــــ ؟

شمس ۔ سچ پوچھو تو ایک بھی نہیں ۔ اور کون بے وقوف مچھلیاں پکڑنے یہاں آتا ہے کوئی اور ہی لگن یہاں لاتی ہے ۔

ریحانہ ۔ مگر کوئی لگن بے کار تو نہیں ہوتی ۔

شمس ۔ بے کار کیوں ہوتی ۔ جلد یا بدیر ہر لگن کامیاب ہوتی ہے ۔

ریحانہ ۔ آپ کی یہ ثابت قدمی قابل قدر ہے مگر آپ کو ہر شام اس انہماک کے ساتھ ان دشوار مشاغل میں کھوئے ہوئے دیکھ کر تو میرا دل کڑھنے لگتا ہے ۔

شمس ۔ اچھا مس ریحانہ اگر اس وقت کوئی گاڑی "گل بہار" سے یہاں نہ آئے اور تم ندی میں ڈوبتے ہوئے سورج کا نظارہ نہ دیکھ سکو تو کیا کرو ؟ ۔

ریحانہ ۔ کیا کوئی گاڑی ؟

شمس ۔ مجھے تو تمام دن رات میں یہ وقت سب سے زیادہ خوب صورت اور پیارا معلوم ہوتا ہے کلب میں بیٹھے ہوئے ان مناظر کی تعریفیں کرنے سے تو بہتر ہے کہ ان دل آویز مناظر سے اکیلے ہی لطف اندوز ہوں ــ مگر . . . . (خاموشی)

ریحانہ ۔ مگر ــــ کیا ــــ ؟

شمس ۔ مگر یہ کہ اب یہ مناظر بھی کسی کے بغیر پھیکے اور بے لطف معلوم ہوتے ہیں ۔

ریحانہ ۔ کس کے بغیر ــــ ؟ وہ کون ہے ؟

شمس ۔ ہے کوئی ــــ جس نے میرے دل میں گھر بنا لیا ہے ۔

ریحانہ ۔ یہی تو میں پوچھ رہی ہوں کہ وہ کون ہے جو آپ کے دل میں رہتا ہے ۔

شمس ۔ وہ جو روزانہ شام کو یہاں آتا ہے اور اپنی پیاری پیاری باتوں سے مجھے مست کر دیتا ہے۔

ریحانہ ۔ اوہو۔ خیر سے آپ شاعر بھی ہیں ۔ (ریحانہ ہنسنے لگتی ہے)

شمس ۔ شاعری ۔ آہ جس کا دل ہی ٹھیک نہ ہو وہ کیا شاعری کرے گا۔

ریحانہ ۔ (ہمدردانہ انداز میں) مسٹر شمس خیر تو ہے ؟ آج پریشان کیوں ہیں خدانخواستہ کوئی تکلیف تو نہیں ہے ۔ مگر خبر نہیں کیوں ؟ میرا دل آپ ہی بیٹھا جاتا ہے۔

ریحانہ ۔ آج کل تم وہ تو نہیں جس کو دنیا گرفتار محبت کہتی ہے۔

شمس ۔ (مسکراتے ہوئے) میں ؟ نہیں تو ایسی کوئی بات نہیں ہے۔

ریحانہ ۔ (بات کا پہلو بدل کر) چھڑ بل رہی ہے ۔ کوئی مچھلی پھنس گئی ۔ چلو کھینچو ۔ نکالو
(ریحانہ ہنستی ہوئی بھاگتی ہے اور چھڑ کو اٹھاتی ہے)

ریحانہ ۔ (ڈور گھسیٹے ہوئے) توبہ ۔ یہ تو بہت بڑی مچھلی ہے کھنچتی ہی نہیں ۔ شمس آؤ مجھ سے یہ نہیں نکلتی۔

شمس ۔ چھوڑو بھی ۔

ریحانہ ۔ (چلا کر) آئیے میرا پیر پھسلا ۔ شمس میں چلی ۔
(شمس گھبرا کر بھاگتا ہے اور ریحانہ کو سنبھالتا ہے)

شمس ۔ گھبراؤ نہیں ۔ گھبراؤ نہیں (شمس اور ریحانہ دونوں ہنستے ہیں)

ریحانہ ۔ اب اس مچھلی کو نکال لو۔

شمس ۔ چھوڑو بھی نکال لیں گے ۔

ریحانہ ۔ نہیں ابھی نکالو ۔ ہم بھی تو دیکھیں کہ وہ کیسی ہے جس کے لئے آپ یہاں

ڈورڈالے بیٹھے رہتے ہیں۔

شمس ۔خوب ! وہ تو بہت اچھی ہے۔جس کے لئے میں یہاں بیٹھا رہتا ہوں۔
(شمس ہنستا ہے)

ریحانہ۔اچھا اب میں جاتی ہوں۔ خدا حافظ۔

شمس ۔ابھی سے ــــــ ؟ اتنی جلدی۔

ریحانہ۔بادل گھرتے چلے آرہے ہیں۔ بارش ہونے سے پہلے اسٹیشن پہنچ جانا چاہئے۔ (بادلوں کے گرجنے کی آواز آتی ہے)

شمس ۔ نہیں ۔ابھی نہ جاؤ۔ بہت خوش گوار وقت ہے ۔اور گاڑی کے آنے میں بھی تو دیر ہے اور ہاں مجھے تم سے کچھ مشورہ بھی کرنا ہے۔

ریحانہ۔ مجھ سے مشورہ ـــــ ؟

شمس ۔ ہاں تم سے یہ پوچھنا ہے کہ تصویر میں بائیں طرف جو آسمان دکھائی دے رہا ہے اس کو پہاڑوں سے چھپانا بہتر ہوگا یا نہیں ؟

ریحانہ ۔ایک ماہر مصور کی خوب صورت ترین تصویر پر نظر ثانی کرنے کے لئے اس وقت روشنی بہت کم ہے۔

شمس ۔ تصویر بنانے کے لئے سورج کی شعاعوں کی ضرورت ہے۔ سمجھنے سمجھانے کے لئے زیادہ روشنی کی کیا ضرورت ہے ؟

ریحانہ۔ پھر آپ کو کیا مشورہ دے سکتی ہوں میں تو آرٹ کے متعلق کچھ بھی نہیں جانتی۔

شمس ۔تو میں بھول رہا ہوں۔ کالج کے زمانے میں آپ کی تصویر پر اعلیٰ درجے کا جو انعام ملا تھا وہ کسی اور کی تصویر ہوگی !

ریحانہ۔ وہ تو بچپن کی بات تھی۔ اب اس کا کیا ذکر۔ خیر اب زیادہ دیر ہو گئی ہے۔ مجھے جانا ہے۔

شمس۔ ریحانہ شاید تمہیں پلیٹ فارم پر ادھر سے اُدھر ٹہلنے میں زیادہ مزا آتا ہے مگر یہاں سے زیادہ خوش گوار منظر وہاں نہ ہو گا۔

ریحانہ۔ مگر گاڑی آنے ہی والی ہوگی مجھے زیادہ انتظار نہیں کرنا پڑے گا۔

شمس۔ اچھا تھوڑی دیر کے لئے فرض کر لو کہ تم آج جاؤ نہیں تب۔

ریحانہ۔ پھر یہ ہوگا کہ بھیگ جاؤں گی اور والد صاحب الگ پریشان ہوں گے۔

شمس۔ (ہنستے ہوئے) پریشانی دور ہو جائے گی۔ تمہارے بجائے میں چلا جاؤں گا۔

ریحانہ۔ (ہنستے ہوئے) وکالت کے لئے۔

شمس۔ ہاں ملزم کی وکالت کے لئے۔

ریحانہ۔ میں ملزم ہوں۔؟

شمس۔ نہیں میں ملزم ہوں ——— میں ان سے کہوں گا۔

جناب عالی میری عمر بائیس سال ہو گئی ہے ہر روز شام کو دن بھر کی محنت کے بعد جب اپنے ٹھکانے جس کو آپ لوگ گھر کہتے ہیں پہنچا ہوں تو مقدمات کی دستاویزات کے سوا مجھے خوش آمدید کہنے والا کوئی نہیں ہوتا۔

ریحانہ۔ اس لئے وکیل ہمیشہ یہی کہتے ہیں، میں اپنے اداس دل کو بہلانے کے لئے آرٹ سے دل بہلاتا ہوں اور آج کل ایک تصویر تیار کر رہا ہوں۔

شمس۔ ٹھیک ہے ٹھیک مگر یہ بھی کہنا چاہیئے کہ ندی کے کنارے میں اپنی خوابوں کی دلہن سے نیاز حاصل کرتا ہوں اور آج وہ اسی لئے وقت پر نہیں

پہنچ سکی کہ میری تصویر نامکمل رہ جاتی ____

ریحانہ۔ یہ تو بہت دلچسپ تقریر ہے۔ ختم ہوگئی ؟

شمس ۔ ہاں اسی پر ختم کردیا جائے کہ اب جو جرمانہ اور سزا آپ تجویز کریں میں اس کو بھگتنے کے لئے تیار ہوں ۔

ریحانہ۔ ہاں مگر وہ ناواجب بوجھ تو آپ پر کوئی نہیں ڈالیں گے ۔

شمس ۔ میں ہر بوجھ اُٹھانے کے لئے تیار ہوں ۔

ریحانہ۔ (بات کا رُخ بدلتے ہوئے) چلو ذرا آگے چلیں (دونوں آگے چلتے ہیں) ایک نرگس کے پودے کے پاس رُک جاتے ہیں ۔

ریحانہ۔ میں نرگس کا یہ پھول توڑ لوں ____ ؟

شمس ۔ ہاں! ہاں ضرور ۔

ریحانہ۔ اچھا شمس تم پھولوں کی زبان پہچانتے ہو ؟

شمس ۔ میں تو صرف یہ جانتا ہوں کہ مرد اور عورتیں پھولوں سے فالیں لیتے ہیں، اور محبت کے بارے میں کچھ پوچھتے ہیں ۔ تم بھی پھولوں سے فال لیتی ہو۔

ریحانہ۔ ہاں کبھی کبھی گلاب سے۔

شمس ۔ گلاب سے کیا پوچھتی ہو۔

ریحانہ ۔ جو میرے جی میں آتی ہے۔

(دور سے بہت بہت دھیمے دھیمے سروں میں گانے کی آواز آتی ہے کشتی میں ملاح بیٹھے ہوئے گاتے جارہے ہیں)

ریحانہ۔ آہ کیسا پیارا گیت گا رہے ہیں ۔ پریم کا گیت ۔

شمس ۔ پریم ۔محبت کیسا.... خوب صورت اور بامعنی لفظ ہے مگر دنیا نے اس کو کیا عام اور بے معنی بنا دیا ہے۔

ریحانہ ۔(بے خیالی کے انداز میں) ہاں کیا ۔

شمس ۔آہ مجھے تم سے محبت ہے ۔آج کل اس طرح کہہ دیا جاتا جیسے کسی راہ گیر سے پوچھ لیا جائے کہ آپ کے پاس دیا سلائی کا بکس ہے ۔

ریحانہ ۔تم مجھے چاہتی ہو ۔آج کل اس طرح پوچھ لیا جاتا ہے جیسا اس وقت کیا بجا ہوگا ۔(دونوں ہنسنے لگتے ہیں) (گیت کی آواز قریب ہوتی جاتی ہے)

شمس ۔آہ ۔محبت اس زمانے میں کتنی سستی ہوگئی ہے ۔

ریحانہ ۔ہاں مگر دنیا میں اب بھی بہت سے آدمی ایسے ہیں جو محبت کی آگ میں جل کر راکھ ہو جاتے ہیں ۔مگر محبت کا لفظ زبان پر نہیں لاتے ۔

شمس ۔محبت !محبت ایک بھڑکتا ہوا شعلہ نہیں ۔ایک دبی ہوئی چنگاری ہے جس پر کبھی راکھ زیادہ ہو جاتی ہے تو وہ کجلا جاتی ہے اور کبھی ہوا کا جھونکا راکھ کو ہٹا دیتا ہے تو وہ چنگاری پھر دہکنے اور دمکنے لگتی ہے ۔

ریحانہ ۔(بالکل کھوئے ہوئے انداز میں) ہاں "محبت کی پیامی" زبان نہیں دل اور آنکھیں ہیں ۔

(ملاحوں کی کشتی قریب آجاتی ہے ۔دونوں غور کے ساتھ گیت سنتے ہیں)

گانے کی آواز ________________

آؤ چلیں اس پار پیارے آؤ چلیں اس پار
بچپن بیتا ، گئی جوانی اس سے ڈگر کی ریت نہ جانی

گہری ندیا ناؤ پرانی کون لگائے پار
سکھی ری۔ کون لگائے پار

پریم نگر کو چل کے بسائیں پریم ہی پریم کے بس گن گائیں
پریم دوارے سیس نوائیں تیاگ دیں یہ سنسار
آؤ چلیں اس پار

ریحانہ۔ (بے خودی کے عالم میں)
پریت نگر کو چل کے بسائیں پریم ہی پریم کے بس گن گائیں
پریتم دوارے سیس نوائیں تیاگ دیں یہ سنسار

شمس۔ (بھی گانے لگتا ہے)
آؤ چلیں اس پار پیاری آؤ چلیں اس پار
ملاحوں کی کشتی دُور جاتی ہے۔

شمس۔ محبّت کا گیت کانوں سے نہیں دل سے سُنا جاتا ہے۔

ریحانہ۔ مگر آپ کو محبّت اور محبّت کے گیتوں سے کیا واسطہ!

شمس۔ کیوں؟
آپ تو محبّت سے بالکل بیگانہ ہیں۔ اور بقول آپ کے محبت پروف۔

شمس۔ تم تو ابھی تک بالکل سیدھی اور بھولی ہو۔

ریحانہ۔ اور آپ ڈراؤنی حد تک سمجھ دار اور خشک ہو گئے ہیں۔

شمس۔ تو آپ اسی وجہ سے نظر انداز کر رہی ہیں۔

ریحانہ ۔ ہاں میں آپ کو ستانا نہیں چاہتی ــــــــ

شمس ۔ ریحانہ میں اس نرگس کے پھول سے کچھ پوچھ لوں ؟

ریحانہ ۔ نہیں بے کار وقت ضائع کرنے سے فائدہ !

شمس ۔ شاید نرگس دلوں کا حال بتا دے ۔

ریحانہ ۔ اگر اس نے کہہ دیا کہ "مجھے تم سے محبّت ہے" تو آپ کا دم گھٹنے لگے گا۔ اور نرگس کا ننھا سا دل کمھلا نیلے گا۔

شمس ۔ کیا کہا آپ نے ؟ میں نے نہیں سنا ۔

ریحانہ ۔ کچھ نہیں ۔

شمس ۔ تم نے کوئی بہت ہی دلآویز بات کہی ہے ۔ پھر کہہ دو کیا کہا تھا ریحانہ ۔

ریحانہ ۔ وہ دیکھو تمہاری چھڑ جھول رہی ہے ۔ کوئی مچھلی پھنس گئی جاؤ اسے جلدی سے نکالو ۔

شمس ۔ مچھلی نہیں ہے ۔ وہ تو پانی کی لہر ہے ۔ اچھا وہ کیا کہا تھا تم نے ۔

ریحانہ ۔ کچھ نہیں اب میں جا رہی ہوں ۔

شمس ۔ تم بھی ایک مسلسل کہانی ہو کہ جب تک ناظرین سنسنی خیز مقام پر پہنچے تو باقی آیندہ نظر آ گیا ۔

ریحانہ ۔ اوہو آپ بھی سنسنی خیز مقام پر پہنچ گئے ۔

(دور سے ریل کی سیٹی بجنے کی آواز آتی ہے)

ریحانہ ۔ میں جا رہی ہوں ، گاڑی آ گئی ۔

شمس ۔ ریحانہ ذرا ٹھیرو ۔

ریحانہ ۔آپ میری گاڑی نکال دیں گے ۔

شمس ۔ نکل جانے دو۔

ریحانہ۔ مگر کس لئے ۔

شمس ۔ اس لئے کہ ——— (گاڑی آنے کی آواز آتی ہے)

ریحانہ ۔ ہاں آپ پہلے اچھی طرح سوچ لیں ۔ پھر کل ———

(ریحانہ بھاگ کر چلی جاتی ہے)

شمس ۔آہ ریحانہ ! میں تم سے کس طرح کہہ دوں کہ مجھے بھی تم سے محبت ہے کاش اس وقت نہ جاتیں تو آج میں ضرور تم سے کہہ دیتا کہ مجھے تم سے محبت ہے ۔(سیٹی اور گاڑی کے چلنے کی آواز آتی ہے)

شمس ۔ ملاحوں کے گیت کتنے پیارے ہوتے ہیں ۔(گنگنانے لگتا ہے)

پریت نگر کو چل کے بسائیں پریم دوارے سیس نوائیں

——— تیاگ دیں یہ سنسار ———

آؤ چلیں

(دور سے دو گاڑیوں کے چلنے کی آواز آتی ہے پھر ایک دم بہت خوفناک دھماکا ہوتا ہے ۔جیسے گاڑی لڑ گئی ۔)

(چیخ پکار ۔ رونے دھونے اور چلانے کی آوازیں آتی ہیں)

شمس ۔یہ کیا ! ہائے یہ کیا گاڑی لڑ گئی ۔آہ گاڑی لڑ گئی ۔

ریحانہ میری جان میری زندگی ۔

آہ اب اس دنیا میں رہنے سے فائدہ ؟ آہ ریحانہ ۔

(شمس بے تحاشہ گاڑی کی طرف بھاگتا ہے۔ پیر پھسلتا ہے اور ندی میں گر جاتا ہے)

دوسرا منظر

دوسرے دن ہسپتال کے پرائیوٹ وارڈ میں شمس بے ہوش ہے۔
نرس نگرانی کر رہی ہے۔
(ریحانہ اندر آتی ہے اور نرس آہستہ آہستہ باتیں کرتی ہے)

ریحانہ۔ سسٹر انہیں ابھی تک ہوش نہیں آیا۔؟

نرس۔ پانی میں زیادہ اوپر سے گرنے سے دماغ پر چوٹ آئی ہے۔!

ریحانہ۔ اب حالت کیسی ہے۔ ڈاکٹر صاحب کی رائے ______

نرس۔ ابھی کوئی خاص رائے نہیں۔ آپ کے یہ کون ہیں؟ کوئی عزیز؟

ریحانہ۔ میرے دوست! ہم اور یہ کالج میں ساتھ ______

نرس۔ آپ کا نام۔

ریحانہ۔ ریحانہ۔

نرس۔ آہا، بے ہوشی میں کئی بار یہ نام لے کر پکارتے ہیں۔

ریحانہ۔ مجھ بدنصیب کی بدولت انہیں یہ تکلیف پہنچی۔

نرس۔ آہستہ بولیئے انہیں آواز سے تکلیف ہوگی۔ ابھی سکون کی ضرورت ہے

(شمس بے ہوشی میں کراہتا ہے)

ریحانہ۔ کاش میں اس وقت اسٹیشن نہ جاتی یا گاڑی مل جاتی اور میں حادثہ میں ختم ہو جاتی تو یہ منظر نہ دیکھتی۔

نرس ۔اچھا جس حادثے سے یہ گھبرا گئے اس گاڑی میں آپ ؟

ریحانہ ۔ مجھے گاڑی نہیں ملی ۔مگر انہوں نے یہ سمجھا کہ میں گاڑی میں تھی ———

نرس ۔ اچھا اب باتیں نہ کیجئے ۔ باہر چلیئے ۔ انہیں تکلیف ۔

ریحانہ ۔ سسٹر ذرا ٹھیر جاؤ ۔شاید انہیں ابھی ہوش آجائے تو میں دیکھ لوں ۔

نرس ۔ڈاکٹر نے اُن کے ماں باپ کو بھی اندر نہیں آنے دیا ۔

آپ نے پانچ منٹ کے لئے کہا تھا اور اب ———

ریحانہ ۔ صرف پانچ منٹ اور ٹھیر جاؤ ۔میں اس کے لئے اور نذر ۔

نرس ۔نہیں نذر کی بات نہیں ہے ۔ ڈاکٹر آجائیں گے ۔بہت دیر ہوگئی ہماری نوکری جائے گی ۔

ریحانہ ۔ آپ کی بڑی مہربانی ہوگی ۔

نرس ۔ نہیں نہیں آپ باہر چلیں ۔ مہربانی سے نہیں ۔

(شمس بے ہوشی میں ریحانہ ——— ریحانہ پکارتا ہے)

ریحانہ ۔ دیکھو وہ ہوش آرہا ہے سسٹر ذرا ٹھیرو ۔ خدا کے لئے وہ پکار رہے ہیں ۔

نرس ۔نہیں وہ بے ہوشی میں پکارتے ہیں ۔یہی خطرہ کی بات ہے ۔

ریحانہ ۔ سسٹر خدا کے لئے انہیں خطرے سے بچاؤ ۔

شمس ۔ بے ہوشی میں ریحانہ ——— ریحانہ نہ جاؤ ۔گاڑی کو نکل جانے دو ۔تم چلی گئیں نجانے کیوں ——— کہاں ——— ریحانہ گاڑی اُف ریحانہ ۔آہ

ریحانہ ۔شمس ——— یہ ہوں ——— میں

نرس ۔ مہربانی سے باہر چلیئے ——— آپ غضب کر رہی ہیں ۔مریض کو تکلیف ہوگی ۔

ریحانہ۔ خدا کے لئے ان کے ہوش کی دوا کیجیے۔

شمس ۔ (بے ہوشی میں) ریحانہ تم کہاں جا رہی ہو ——————

ندی کنارے کون سی آؤ چلیں اس پار۔

ریحانہ۔ شمس میں تمہارے پاس ہوں کہیں نہیں گئی شمس۔

نرس۔ بیگم ہماری نوکری جائے گی۔ شور نہ کیجیے۔

شمس ۔ (کراہتا ہے) آہ —— آہ —— اُف —— ف۔

ریحانہ۔ انہیں تکلیف میں چھوڑ کر نہیں جا سکتی۔ ڈاکٹر کو بلاؤ جلدی۔

نرس۔ بس خاموش رہیئے مریض کروٹ لے رہا ہے۔ اب ہوش آنے والا ہے۔

ریحانہ۔ ہوش۔ کیا شمس کو ہوش ——

نرس۔ اب دور رہیئے، ورنہ خطرہ ہے۔

ریحانہ۔ وہ آنکھ کھولی —— شمس

شمس ۔ (کراہتا ہے) آہ —— میں کہاں ۔ یہ کیا پٹیاں۔

آہ! پانی —— تم کون ہو —— !

نرس۔ لیجئے پانی!

شمس ۔ آہ —— یہ کیسا پانی —— اُف ۔ تم کون ہو —— یہ میں کہاں ہوں

—— دوسری دنیا

ریحانہ۔ تم ہسپتال میں ہو۔

شمس ۔ ہسپتال میں آہ ——

بیگم خدا کے لئے چپ رہیئے۔ مریض کو کچھ نہ یاد دلایئے میں باہر سے دوا لے آؤں

آپ بالکل خاموش نہیں دکھتی رہیں۔

ریحانہ ۔اچھا سسٹر۔

شمس ۔آہ ــــ اُف ــــ

ریحانہ۔شمس ۔کیوں کیا تکلیف ہے ۔کیسی طبیعت ــــ

شمس ۔تکلیف کچھ نہیں ،اس جہاں میں کیا تکلیف ۔

ریحانہ۔کس جہاں میں ــــ ؟

شمس ۔اور تم کون ہو۔

ریحانہ۔مجھے نہیں پہچانتے ہیں ریحانہ ہوں ۔شمس ۔

شمس ۔ریحانہ یہ نام کہاں سُنا تھا ــــ اُف ــــ آہ ۔

ریحانہ۔کہاں سُنا تھا ! کیا تم نے مجھے نہیں پہچانا ــــ ؟

شمس ۔میں نے ــــ میں کسی کو کیوں پہچانوں ــــ میں کچھ نہیں ــــ

ریحانہ۔شمس کیا تم مجھے نہیں پہچانتے ــــ کیا تم

شمس ۔شمس شمس یہ نام میں نے سُنا تو ہے ۔شمس یہ کون ہے ۔

ریحانہ۔شمس میں ریحانہ ۔

شمس ۔ریحانہ ــــ (ہنستا ہے) ہاں پھر۔

ریحانہ ۔کیا تمہیں ندی پر جانا یاد ہے

شمس ۔ندی ــــ نہیں ــــ ہاں ندی تھی ــــ پھر

ریحانہ ۔وہاں تم شکار کھیل رہے تھے ۔

شمس ۔شکار نہیں۔

ریحانہ ۔ نہیں ؟ شمس کیا ہوگیا ۔ ندی کنارے ریحانہ اور تم روز شام کو سیر۔

شمس ۔ شام کو سیر ——— میں کبھی نہیں ———

ریحانہ ۔ آہ یہ کیا ہے ۔ شمس یاد کرو ۔ سوچو ۔ تم تصویر بنا رہے تھے اور ملاح گیت گاتے جا رہے تھے ۔

شمس ۔ تصویر ——— اور گیت ! دونوں اچھے ہوں گے ۔

ریحانہ ۔ بہت پیارا گیت تھا آؤ چلیں اس پار ———

شمس ۔ (آہستہ آہستہ گنگناتا ہے) آؤ چلیں اس پار ———

ریحانہ ۔ اب یاد آیا تمہیں ——— دیکھو میں ریحانہ ہوں ۔

شمس ۔ تم ریحانہ ! ——— ریحانہ تم ——— (ہنستا ہے)

ریحانہ ۔ اب یاد آیا تمہیں ——— دیکھو میں ریحانہ ہوں ۔

شمس ۔ تم ریحانہ ! ——— ریحانہ تم ——— (ہنستا ہے)

ریحانہ ۔ ہاں میں ——— گیت کے بعد تمہیں یاد ہے کیا ہوا تھا ۔

شمس ۔ گیت کے بعد ——— دنیا تھک کر سو جاتی ہے ۔

ریحانہ ۔ نہیں ریحانہ اسٹیشن پر ریل کے لئے گئی ———

شمس ۔ ریل ——— آہ ٹھیک ہے ریل ——— ریحانہ ۔
میری ریحانہ ——— وہ کہاں گئی ——— وہ روٹھ گئی ۔

ریحانہ ۔ چلاؤ نہیں شمس ۔ تمہیں تکلیف ہوگی ۔ میں یہ ہوں ۔

شمس ۔ تم یہ ہو (ہنستا ہے) کیا میں تمہارے پاس جنت میں بھی آگیا ۔
آہ ——— مگر ریل لڑ گئی ۔ دوڑو بچاؤ ۔

ریحانہ ۔نہیں شمس ۔میں اس گاڑی میں سوار نہ ہوسکی ۔گاڑی چلی گئی میں اچھی ہوں میں
یہ کیا ہوگیا پھر بیہوش ۔سسٹر انہیں ہوش میں لاؤ (نرس آتی ہے)

نرس ۔غضب کردیا آپ نے بیگم اب مریض خطرے میں ہے ۔

ریحانہ ۔سسٹر خدا کے لئے کوئی دوا دو یہ ہوش میں آئیں ۔جلدی ہوش ۔

نرس ۔آہستہ بولئے ہوش میں آئے ہوئے مریض کا پھر بیہوش ہونا بہت خطرناک ہے ۔

ریحانہ ۔مگر ـــــ ابھی ـــــ کیا ۔

نرس ۔نبض بھی بہت تیز

ریحانہ ۔جلدی ڈاکٹر کو بلایئے ۔

نرس ۔اچھا آپ بالکل خاموش رہیئے ۔میں ڈاکٹر کو ۔ اور ان کے والد
کو بھی حالت خطرناک ہے ۔

ریحانہ ۔سسٹر جلدی بلاؤ ۔ آہ یہ کیا ہو رہا ہے (روکھی ہوکر شمس اب ضبط نہیں
ہوسکتا ۔اس دل کو کون تسلی دے ۔آہ میں نے تمہیں کیا کر دیا شمس
کراہتے ہیں اور کروٹ لینے لگتا ہے ۔

ریحانہ ۔شمس شمس ریحانہ سے نہیں بولتے ،آنکھیں کھولو ۔
(کراہتا ہے) آہ ـــــ آہ ـــــ اُف ریحانہ

ریحانہ ۔شمس ہوش میں آگئے ۔

شمس ۔تم ـــــ تم کون

ریحانہ ۔تمہاری ریحانہ ـــــ

شمس ۔میری ریحانہ

ریحانہ۔ ہاں تمہاری۔ میرے شمس مجھے تم سے محبت ہے۔

شمس ۔ (چیختا ہے) مجھے تم سے محبت ہے۔ محبت ریحانہ مجھے تم سے محبت ہے۔

(شمس کے والد اور ڈاکٹر آتے ہیں)

نرس۔ ہاں وہ بالکل بے ہوش ہو گئے۔

شمس کے والد۔ ڈاکٹر صاحب میرے بچے کو بچا لیجیے۔ ایں یہ تو ہوش میں باتیں کر رہے ہیں۔

ڈاکٹر ۔ آپ نے سنا دونوں نے کیا کہا ——

شمس کے والد۔ ہاں دیکھیے حالت تو ٹھیک ہے۔ ڈاکٹر صاحب۔

ڈاکٹر ۔ ہاں نبض کی رفتار درست ہو رہی ہے مگر پورے سکون کی ضرورت ہے۔

البتہ گھبرانے کی کوئی بات نہیں ٹیمپریچر ٹھیک ہو رہا ہے۔ یہ خاتون کون۔

شمس کے والد۔ شمس کی ہم جماعت۔

ریحانہ۔ مجھے افسوس ہے کہ میری وجہ سے شمس کو اور آپ سب کو اتنی تکلیف ہوئی۔

شمس کے والد۔ بیٹی افسوس کا وقت نہیں ہے۔ خدا کا شکر ہے۔ شمس اب خطرے سے باہر ہے

شمس ۔ (کراہتا ہے) میں یہاں ہسپتال ——

شمس کے والد۔ ہاں بیٹا۔ اب تم اچھے ہو۔

ڈاکٹر۔ میرے خیال میں ابھی شمس صاحب نے وہ ساری باتیں ہوش میں کی ہیں۔

شمس کے والد۔ میں نے سب سن لیا اور سمجھ لیا۔ خدا نے شمس کو بچا لیا۔ اب ہمیں ان دونوں کی زندگی مبارک کرے۔

ڈاکٹر۔ خدا آپ کو یہ دوہری خوشی مبارک کرے۔

دور سے خیالی گانے کی آواز۔ آؤ چلیں اس پار۔

☆☆☆

سماج کا دان

افرادِ تمثیل

پریم	ــــــــــــ	ایک نوجوان
درشن لعل	ــــــــــــ	پریم کا باپ
ستیہ وتی	ــــــــــــ	پریم کی ماں
نانک چند	ــــــــــــ	ایک بوڑھا
پربھا	ــــــــــــ	نانک کی بیٹی
دو	ــــــــــــ	اجنبی

پہلا منظر

پریم کا گھر

پریم کے پتا درشن لال کئی مہینے کے سفر سے کل ہی واپس آئے ہیں ۔ اس وقت بیٹھے ہوئے حقہ پی رہے ہیں ان کی بیوی ستیہ وتی مشین پر کوئی کپڑا سی رہی ہیں ۔

(مشین چلنے کی آواز .... حقہ پینے کی آواز)

درشن لعل ۔ مشین چلاتے چلاتے تمہیں دوپہر سے یہ وقت آگیا ۔ یہ کام اب ختم بھی ہوگا یا نہیں ۔

ستیہ وتی ۔ ختم کرتی ہوں ۔ ذرا سا پلو رہ گیا ہے ۔

(مشین چلانے کی آواز .... حقہ پینے کی آواز)

درشن لعل ۔ اس گھر گھر سے تو ہمارا جی گھبرا گیا ۔

ستیہ وتی ۔ لو ختم ہوگیا ۔ مشین چلنے کی آواز ایک دم رُک جاتی ہے ۔

(حقّہ پینے کی آواز)

ستیہ وتی ۔ کل میں تم سے پریم کی شادی کے لئے کہہ رہی تھی نا ۔

درشن لعل ۔ ہاں ۔ (حقّہ پینے کی آواز)

ستیہ وتی ۔ اب تو اس کی شادی کی عمر ہوگئی ہے ۔ پھر سال دو سال بعد کیشو کی شادی کرنی ہوگی ۔

درشن لعل۔ ہاں اس نے بی اے تو کر ہی لیا۔
ستیہ وتی۔ پھر کس دن کا انتظار ہے۔
درشن لال۔ کسی اچھی لڑکی کی بات بھی تو آئے۔
ستیہ وتی۔ مالی واڑے میں نانک چند کی ایک بہت سندر لڑکی ہے۔
درشن لال۔ تو کیا اس کے ہاں سے بات آئی ہے۔
ستیہ وتی۔ لڑکی کی موسی ہمارے پڑوس میں رہتی ہے۔ اس سے بات ہوئی تھی
درشن لعل۔ پریم کو بھی وہ پسند آجائے گی۔
ستیہ وتی۔ ہاں لڑکی اس کو دکھا بھی دی ہے۔
درشن لعل۔ ہچھ (حقہ پینے کی آواز)۔
ستیہ وتی۔ بس جس دن تم کہو۔ مہورت دیکھوا کر دن ٹھہرا لیا جائے۔
درشن لعل۔ مگر دان میں کیا ملے گا۔
ستیہ وتی۔ پتہ نہیں۔ غریب آدمی ہے۔
درشن لعل۔ غریب ہے تو کیا۔ لڑکی کو یونہی بیاہ دے گا۔
ستیہ وتی۔ لڑکی سُندر ہے، جو بھی مل جائے بہت ہے۔
درشن لال۔ مگر سندر لڑکیاں بے دان کے تھوڑی بیاہ دی جاتی ہیں۔
ستیہ وتی۔ ہاں ٹھیک ہے۔ مگر وہ لڑکی تو ایسی سُندر اور بھلی ہے، کہ
ڈھونڈے سے بھی نہ ملے
درشن لعل۔ ہمارا لڑکا بھی تو کوئی گرا پھکا نہیں۔ خوب صورت ہے لکھا پڑھا ہے اس
کو بہت سی لڑکیاں ایسی مل جائیں گی جو سُندر بھی ہوں گی اور دھن دولت

بھی بھنتیرا لائیں گی۔

ستیہ وتی۔ مگر میں تو زبان دے چکی ہوں۔

درشن لعل۔ تمہیں زبان دینے کی ابھی کیا ضرورت تھی۔

ستیہ وتی۔ لڑکی اچھی ہے۔ میں سمجھتی تھی تم بھی یہ رشتہ پسند کرو گے۔

درشن لال۔ لڑکی اچھی ہے۔ تو کوئی آبرو تھوڑی بگاڑتی ہے۔

ستیہ وتی۔ اس بیاہ آبرو کا کیا بگاڑ ہے

درشن لعل۔ دان جہیز زیادہ نہ ملے گا تو برادری والے ہمیں بھی کھوکا ننگا سمجھیں گے۔

ستیہ وتی۔ پریم کو لڑکی بہت پسند ہے۔ پہلے تو بیاہ پر راضی نہ ہوتا تھا ابہو کے نام پر مسکرا دیتا ہے۔

درشن لعل۔ ہونہہ پریم کی پسند——— اس کو اپنی شادی بیاہ کی بات میں بولنے کا کوئی ادھیکار نہیں ہم جو ہیں———

ستیہ وتی۔ ہاں۔ مگر اس کی پسند بھی تو دیکھنی ہے۔

درشن لعل۔ نہیں ——— سماج کی یہ ریت نہیں۔ میں تو یہ رشتہ پسند نہیں کرتا۔

ستیہ وتی۔ مگر اس سے پریم کو بہت دکھ ہوگا۔

درشن لال۔ کیوں، دکھ کیوں ہوگا ——— اس سے اس کا کیا ناتہ ہے اپنے دیس میں سارے بیاہ ماتا پتا کی مرضی سے ہوتے ہیں۔

ستیہ وتی۔ عمر بھر نبھاؤ تو اسی کو کرنا ہوگا۔

درشن لعل۔ یہ کونسی نرالی بات ہے۔ دنیا نباہتی ہے۔

ستیہ وتی۔ پریم کے باپ لڑکی بہت سندر اور بھلی ہے۔

درشن لعل۔شادی بیاہ کے معاملے میں خوب صورتی اور بھولا پن ہی نہیں دیکھا جاتا اور بھی کئی باتوں کی ضرورت ہوتی ہے۔

ستیہ وتی۔وہ کیا۔

درشن لعل۔بڑا گھرانا ہو ـــــ دھوم دھام سے بیاہ ہو۔بہو کے ساتھ بہت سا دان جہیز ملے۔

ستیہ وتی۔ہاں ــــ مگر ــــ

درشن لعل۔اس کے بغیر شادی کی شوبھا نہیں ہوتی۔

ستیہ وتی۔ہمارے ہاں کیا کمی ہے۔اب پریم جج بن جائے گا۔ بھتیرا روپیہ برسے گا۔کچھ دان کی کیا پروا۔

درشن لعل۔مورکھ۔تم نہیں جانتیں۔دلہن کے آگے سندرتا کوئی چیز نہیں،آج کل دنیا میں شرافت۔عزت۔آبرو سب پیسے کی ہے

ستیہ وتی۔مگر میں زبان جو دے چکی ہوں۔

درشن لعل۔تم نے کس سے پوچھ کر زبان دی۔

ستیہ وتی۔ہائے میں کیسے مونہہ دکھاؤں گی۔سب کو خبر ہو گئی ہے۔

(ستیہ وتی رونے لگتی ہے)

درشن لعل۔رونے کی کیا بات ہے ـــــ ہم باؤلے ہیں جو کسی کی بیٹی کو دان لئے بنا بیاہ لائیں گے۔

ستیہ وتی۔(روتے ہوئے) پریم کے باپ۔اچھی۔میری۔لاج رکھ لو۔

درشن لعل۔پاگل ہوئی ہے۔روتی کیوں ہے۔

(ستیہ وتی روتی رہتی ہے)

ستیہ وتی۔ ہے پرماتما۔ میں اس کی موسی کو کیا جواب دوں گی۔

(روتی ہے یہاں تک کہ ہچکی بندھ جاتی ہے)

درشن لعل۔ اچھا تجھے اپنی زبان کی لاج ہے تو دن ٹھیرالے۔

ستیہ وتی۔ (روتے ہوئے اچنبھے کے ساتھ) دن ٹھیرالوں۔

درشن لعل۔ ہاں، ہاں مہورت دکھوالے (دبی آواز میں) دیکھا جائے گا۔

دوسرا منظر

کچھ دن بعد ———

پریم کی بارات لالہ نانک چند کے ہاں پہنچ چکی ہے۔ پان پانی کی تواضع کے بعد بیاہ کی رسم شروع ہو رہی ہے۔ اور پھیروں کے واسطے دلہن کو زنانے سے بلایا جا رہا ہے۔

(شہنائیاں دھیمے دھیمے سروں میں بج رہی ہیں) کانا پھوسیاں۔

اجنبی۔ لو وہ دلہن آرہی ہے۔

دوسرا۔ ہاں وہ دلہن آگئی ہے۔ (پازیب کی جھنکار، کپڑوں کی کھڑکھڑاہٹ کانا پھوسیاں، شہنائیوں کی آوازیں)

اجنبی۔ سُنا ہے۔ دلہن ہے بہت خوب صورت۔

دوسرا۔ ہاں معلوم تو یہ ہی ہوتا ہے۔

درشن لعل۔ بیٹھو، بیٹی، بیٹھو

درشن لعل ۔ اد ہو یہ گہنا تو بہت ہی تھوڑا پہنے ہوئے ہے ۔

(کانا پھوسی)

درشن لعل ۔ لالہ جی بہو کے گہنے اور کہاں ہیں ۔

نانک چند ۔ کیا ۔ لالہ جی ۔

درشن لعل ۔ سب گہنے یہاں منگایئے ۔ یہ چیزیں تو دیکھنے دکھانے کی ہوا کرتی ہیں

نانک چند ۔ بھیا جی ۔ دیکھنے دکھانے کے لائق کہاں ہیں ۔

درشن لعل ۔ نہیں ۔ نہیں ۔ یہی وقت تو دیکھنے دکھانے کا ہوتا ہے ۔ سب کچھ یہیں منگا لیجئے ۔

نانک چند ۔ بھائی سب کچھ یہی ہے ۔

درشن لعل ۔ کیا سچ مچ سب یہی ہے ۔

نانک چند ۔ جی ہاں ۔

درشن لعل ۔ اور دان ۔

نانک چند ۔ بس یہی ہے ۔

درشن لعل ۔ اور دولہا کا نذرانہ ۔

نانک چند ۔ لالہ جی ہم لوگ غریب ــــــ

درشن لعل ۔ تو بیٹی کو یونہی بیاہنے چلے ہو ــــــ ایسے موقعہ پر تو غریب بھکاری بھی مانگ تانگ کر پورا کرتے ہیں ۔

نانک چند ۔ جو ہو سکتا تھا میں نے کیا ۔

درشن لعل ۔ ہو سکنے کا سوال نہیں ہے لالہ جی ۔ یہ تو کوئی بنتی ہے ۔

نانک چند۔ میں نے اپنی بساط سے زیادہ کیا۔

درشن لعل۔ ایسے میں بساط نہیں دیکھا کرتے۔ یہ کنجوسی کا وقت نہیں ہوتا۔

نانک چند۔ یہ کنجوسی نہیں۔ غریبی ہے۔ لاچاری ہے۔

درشن لعل۔ ہونہہ۔ غریبی۔ لاچاری۔

نانک چند۔ بابوجی۔ میری لاج اب تمہارے ہاتھ ہے۔

درشن لعل۔ مگر تمہیں بھی تو دوسروں کی لاج کا خیال چاہئے تھا۔ میں برادری کو کیا مونہہ دکھاؤں گا۔

نانک چند۔ ایشور۔ ہم سب کی لاج رکھنے والا ہے۔

درشن لعل۔ (لہجہ بدل جاتا ہے) لالہ جی باتوں سے کام نہیں چلے گا۔ اتنے سے دان میں بیٹی کا بوجھ سر سے نہیں اتار سکتے۔

نانک چند۔ بابوجی میری مجبوریاں آپ کے سامنے ہیں۔ اب زیادہ ذلیل کیوں کرتے ہیں۔

درشن لعل۔ بس تو ہم بھی مجبور ہیں۔ اس ذلت کے ساتھ بیٹا نہیں بیاہ سکتے۔

نانک چند۔ مگر آپ کو تو پہلے خبر تھی کہ میں امیر نہیں۔

درشن لعل۔ تو اب بھی کیا بگڑا ہے۔ آپ کی بیٹی آپ کو مبارک رہے۔

نانک چند۔ کیا بابوجی کیا۔

درشن لعل۔ نہیں ـــــ کچھ نہیں ـــــ اٹھو پریم چلو۔

پریم۔ پتاجی۔

درشن لعل۔ چلو برات واپس لے چلیں گے۔

نانک چند۔ ہیں واپس۔ لالہ جی میں برباد ہو جاؤں گا (سرگوشیاں)

اجنبی ۔ ہائے ہائے ایک غریب کی آبرو خاک میں ملا رہے ہیں۔

درشن لعل۔کیشو۔ جاؤ ۔گاڑیاں تیار کراؤ۔ میرے پریم کے لئے اچھی سے اچھی بہو مل جائے گی ــــــ اسی لئے اس کی ماں کو سمجھاتا تھا۔ رشتہ برابر ہی کا اچھا ہوتا ہے۔ کنجوس۔کنگال۔

اجنبی مہمان ۔ (آپس میں سرگوشیاں) ہاں صاحب سارا پیسے کا گھمنڈ ہے۔

دوسرا۔ وقت پر دھوکا دے رہے ہیں۔

پہلا ۔ بےچارے کو برباد کر رہے ہیں۔

دوسرا۔ غریب لڑکی تباہ ہو جائے گی (یہ آوازیں برابر آتی رہتی ہیں)

(ہل چل مچ جاتی ہے) (ظالم کی آوازیں آتی ہیں)

درشن لعل۔ چلو چلو۔

(براتیوں کے اٹھنے اور واپس جانے کی آوازیں)

نانک چند۔ ہے پرماتما ــــــ اب کیا ہوگا۔ میری پربھا کا اب کیا ہوگا۔ کون بیاہے گا۔

(عورتوں کے رونے کی آوازیں)

تیسرا منظر

(براتی گاڑیوں کے پڑاؤ پر واپس پہنچ چکے ہیں۔ گاڑی بان یہ سمجھ کر کہ برات کے واپس جانے میں بہت دیر ہے۔ ادھر اُدھر چلے گئے ہیں۔ ان کو ڈھونڈا جا رہا ہے۔ براتی لڑکی والوں کو دل کھول کر برا بھلا کہہ رہے ہیں (پریم ان واقعات

سے بے حد نادم اور پشیمان ہے اور یہ سوچ کر کہ اگر لڑکی کا اس وقت بیاہ نہ ہوا۔ تو اس کی زندگی برباد ہو جائے گی۔ اپنے آپ کو ملامت کرتا ہوا جمناسہ کی طرف جا رہا ہے۔

(قدموں کی آوازیں)

پریم ۔ آہ یہ میں نے کیا کیا۔ پتا جی کے کہنے سے اُٹھ کر کیوں چلا آیا۔ کیوں نہ کہہ دیا کہ میں بغیر دان کے بیاہ کروں گا۔ کیا بے دان کے بیاہ نہیں ہو سکتا ہاں۔ ہاں یہ ظلم ہے۔ اس کا سہاگ اجاڑا۔ اس کی مانگ کا سیندور ــــ آہ میں نے کیا کیا۔ یہ کیا ہو گیا میں شادی کے لئے آیا تھا، یا اس گھر کی بربادی کے لئے۔

پریم ۔ یہ کون لوگ اِدھر آ رہے ہیں۔ یہ سب مجھے برا کہہ رہے ہوں گے میں مونہہ دکھلانے کے قابل نہیں ـــــ کہیں چھپ جاؤں۔

(قدموں کی آوازیں۔ اور کچھ باتیں کرنے کی آوازیں)

اجنبی مہمان ۔ ہاں لڑکی کی قسمت تو دیکھو ایک معمولی بابو کے پلّے پڑنے کے بجائے رائے صاحب موہن لعل جاگیر دار سے بیاہی گئی ہے۔

دوسرا۔ ہاں وہ گہنے پاتے کے لئے مرے جاتے تھے۔ اب لڑکی ہیرے اور موتیوں میں لدی ہوئی ہو گی۔

پہلا ۔ مگر رائے صاحب کی عمر زیادہ ہے۔

دوسرا۔ ارے بھئی جوانوں کا کیا بھروسہ ہے۔

پہلا ۔ پھر بھی عمر کا خیال ہوتا ہے اور رائے صاحب تو بیٹے پوتے والے ہیں۔

پربھا ان کی سب سے چھوٹی بیٹی کی برابر ہے۔

پہلا - ہاں مگر اتنی بات ہے اس وقت رائے صاحب نے بڑی ہمت کی۔

دوسرا- ہاں بھئی اس وقت غریب کی لاج رکھ لی۔ اگر اس وقت پربھا کی شادی نہ ہوتی تو بے چاری عمر بھر۔

پہلا - خیر جو کچھ ہوا۔ اچھا ہوا —— ورنہ

(دونوں آگے نکل جاتے ہیں) کنواری ہی رہتی یہ کیسی بری رسم ہے؟

پریم - بہت اچھا —— پرماتما کرے بہت اچھا ہو۔

(قدموں کی آواز بھاری پڑتی جاتی ہے)

چوتھا منظر

پچھلے واقعات کو کئی سال گزر چکے ہیں۔ درشن لعل جی کے بیٹے کا بیاہ آج ہوا ہے۔ ابھی ابھی بہو کو لے کر آئے ہیں۔ براتی واپس جا چکے ہیں۔ مگر گھر کے باہر خاصی بھیڑ بھاڑ ہے شام کا وقت ہے۔ رائے صاحب موہن لعل جاگیر دار کی بیوی پربھا گاڑی میں ادھر سے گزرتی ہے بھیڑ بھاڑ کو دیکھ کر گاڑی رکواتی ہے اور اتر کر درشن لعل کے گھر میں جاتی ہے۔

(دور آپس میں کچھ آدمی باتیں کر رہے ہیں۔ قدموں کی آوازیں)

ستیہ وتی۔ اوہو پربھا۔ آج تم کیسے راستہ بھول گئیں۔

پربھا۔ یونہی شام کی سیر کو نکلی تھی۔ اِدھر سے گزری۔ بھیڑ بھاڑ دیکھ کر معلوم ہوا کہ آج تمہارے بیٹے کا بیاہ ہے۔

ستیہ وتی۔ ہاں ہاں آؤ بیٹھو۔ دلہن کو دیکھو ——

پربھا۔ ہاں ہاں دلہن کو ہی دیکھنے آئی ہوں۔

ستیہ وتی۔ اچھا تو بیٹھو۔ اور تمہارا جی کیسا ہے۔

پربھا۔ اچھی ہوں۔

ستیہ وتی۔ مگر رنگت کیوں پیلی پڑ رہی ہے۔

پربھا۔ کچھ نہیں ذرا ایسی ہی طبیعت رہتی ہے۔

ستیہ وتی۔ تمہارے پتی تو اب اچھے ہیں۔ دمے کے دورے تو اب نہیں پڑتے۔

پربھا۔ ہاں اچھے ہی ہیں ——

پربھا۔ دلہن۔ مونہہ کھولو —— ذرا صورت تو دکھاؤ۔

ستیہ وتی۔ بیٹی ذرا گھونگھٹ ہٹالو

پربھا۔ یہ تو مونہہ کھولتی نہیں —— میں ہی گھونگھٹ ہٹاکر دیکھ لوں۔

ستیہ وتی۔ (ہنس کر) ہاں ہاں۔ شوق سے۔

پربھا۔ اوہو یہ گہنا تو بہت ہی تھوڑا پہنے ہوئے ہیں۔ اور دان میں کیا ملا وہ بھی دکھاؤ، یہ تو دیکھنے دکھلانے کی چیزیں ہوا کرتی ہیں۔

ستیہ وتی۔ تھوڑا ہی سا ملا ہے، دیکھنے دکھانے کے لائق کہاں ہیں۔

پربھا۔ اور دولہا کو نذرانہ کیا ملا۔

ستیہ وتی۔ کچھ نہیں بے چارے غریب لوگ ——

پربھا۔ ایسے موقعہ پر تو غریب بھکاری بھی مانگ کر پورا کرتے ہیں۔

ستیہ وتی۔ بے چاروں کی جتنی بساط تھی انہوں نے کر دیا۔

پربھا۔ مگر یہ بساط دیکھنے کا وقت نہیں ہوتا۔

ستیہ وتی ۔ جو کچھ انہوں نے دیا بہت دیا۔ بہت ہے ہمیں اب کچھ نہیں چاہئے۔

پربھا ۔ مگر برادری والوں کو کیا مونہہ دکھاؤں گی (مشتعل ہوکر) تمہیں اب اور کچھ نہیں چاہئے ــــــ اس دن سب کچھ چاہیے تھا۔ میرے باپ کی آبرو خاک میں ملائی ــــــ میری زندگی بگاڑی ــــــ میرے باپ نے حیثیت سے بڑھ کر کیا تو کنجوس کہلایا۔ آج ایک تار نہیں ملا۔ تو کہتی ہیں ہمارے لئے بہت ہے۔ یہ غریب ہیں ہم کنجوس تھے برات واپس کرتے وقت کسی کی غریبی کا خیال نہ آیا۔

ستیہ وتی ۔ پربھا ــــــ ہم۔

پربھا۔ ہاں ہاں مجھے بتاؤ۔ یہ مجھ سے زیادہ خوب صورت ہے۔ سونے چاندی میں لدی ہوئی ہے ــــــ ہماری جھونپڑی میں آگ لگا کر کسی راجہ کی بیٹی لائے ہو ــــــ کیا تم نے اپنے سماج اپنی برادری کا مونہہ ہیرے موتیوں سے بھر دیا ہے اب برادری والے تمہیں بھوکا ننگا نہیں سمجھیں گے

ستیہ وتی ۔ ارے ارے پربھا یہ تمہیں کیا ہو گیا۔ پریم ــــــ پریم۔

پربھا ۔ ہاں ہاں پریم کو بلاؤ ــــــ میں ان سے بھی پوچھوں گی کہ ان کا نذرانہ کہاں ہے۔

(قدموں کی آواز)

پریم ۔ جی ماتا جی ۔ کیا بات ہے ــــــ کون ــــــ پربھا۔

(پربھا دوڑ کر پریم کے پاس جاتی ہے)

پریم ۔ پریم تمہیں بتاؤ۔ یہ لڑکی مجھ سے زیادہ خوب صورت ہے۔ مجھ سے زیادہ

دہن دولت لائی ہے۔ کیا یہ تم کو مجھ سے زیادہ چاہ سکتی ہے۔

پریم - پربھا۔ یہ تم مجھ سے کیا کہہ رہی ہو ——

پربھا - کہاں ہے وہ دھن دولت —— کہاں ہے وہ نذرانہ اور دان تمہارے پتا اب برات واپس نہیں لے آئے۔ آہ مجھے ٹھکرایا اور زندگی بھر سلگنے کے لئے جہنم میں جھونک دیا اب اسے محبت کرنے اور پوجنے کے لئے لائے ہو۔

پریم - پربھا —— میں نہیں لایا۔

پربھا - تم نہیں۔ تمہارے پتا لائے ہیں۔ مگر تمہارے لئے نا۔

پریم - میرے لئے نہیں —— یہ میری بیوی نہیں ہے۔

پربھا - تمہاری بیوی نہیں۔

پریم - نہیں کیشو کی دلہن ہے۔ تمہارا بیاہ ہو چکا —— میرے بیاہ کا وقت گزر گیا۔

پربھا - (چلاکر) میرا بیاہ۔ آہ —— ایشور —— بھول —— دھوکا سماج برادری آہ —— آہ

(پربھا ایک دم زور سے گر جاتی ہے)

ستیہ وتی - پربھا کیا ہوا —— کیا ہوا۔

پریم - پربھا کیا ہوا —— ماتا جی دیکھو —— دیکھو پربھا کیا ہو گیا۔

ستیہ وتی - پربھا - پربھا - اٹھو - بولو۔

پریم - پربھا —— پربھا —— پربھا۔

(قدموں کی آواز)

درشن لعل ۔کیا ہے ۔کیا ہے ۔ہیں —— پربھا ——

ستیہ وتی ۔ پریم کے باپ دیکھو پربھا کو کیا ہو گیا۔

درشن لعل ۔کیا بے ہوش ——

درشن لعل ۔ہیں ۔پریم تیرے آنسو ۔

پریم ۔ پتا جی ۔ پربھا ——

ستیہ وتی ۔آہ ۔پرماتما ۔یہ سب میرے پتی کی بھول ۔اندھے سماج کا دان ۔

درشن لعل ۔ ہونہہ! میری بھول ؟

ستیہ وتی ۔ پریم —— پربھا

☆☆☆

پرماتما کا اِنصاف

افرادِ تمثیل

کمار	ایک سنیاسی
شانتا	کمار کا پیارا چیلا
کشور	کمار کا دوسرا چیلا
بوڑھا	کمار کا باپ

مقام: کوہ ہمالیہ کے دامن میں ایک سنیاسی استھان

پہلا منظر

سامنے استھان کا آنگن ہے ـــــ آنگن کے بیچوں بیچ ایک مٹی کا چبوترہ بنا ہوا ہے۔ اس کے بیچ میں تلسی کا پوتر پودا اُگ رہا ہے۔ آنگن کے بائیں طرف ایک صاف ستھرا ٹیلہ ہے۔ اس کے نیچے پتھر کی سیڑھیاں چلی گئی ہیں جن میں سے صرف چند نظر آرہی ہیں یہ سیڑھیاں استھان کو درّہ کے گاؤں سے ملا دیتی ہیں۔

دائیں طرف مندر استھان کی کچّی پکی دیواریں اور کوٹھریوں کی چھتیں ہیں۔ مندر اور دیوار کے درمیان ایک محراب ہے۔ اس میں استھان کی اندرونی عمارت کا راستہ ہے۔ مندر کے دروازے کی طرف سیڑھیاں چلی گئی ہیں۔

کچھ دور فاصلے پر ہمالیہ کی دل فریب برف پوش چوٹیاں دوپہر کے زمردیں آسمان کے نیچے جگمگا رہی ہیں۔

بائیں طرف حدِ نگاہ تک بنوں بھرا پہاڑ چلا گیا ہے۔

بادلوں کے قرمزی، سنہری اور روپہلی ٹکڑے سارے پہاڑ اور جنگل پر بکھرے ہوئے ہیں۔

(پردہ کے اُٹھنے کے ساتھ ساتھ دور سے بادل گرجنے کی آواز آتی ہے)

(شانتا ہاتھوں میں کچھ کاغذ لئے ہوئے تلسی کے پودے کے پاس بیٹھا ہوا آہستہ آہستہ پڑھ رہا ہے۔ کبھی کبھی نگاہ اُٹھا کر آسمان کی طرف دیکھ لیتا ہے

یکایک مندر کا دروازہ کھلتا ہے اور کمار باہر آتا ہے وہیں سے کھڑا ہوا شانتا کو اکیلا بیٹھا ہوا دیکھتا ہے۔ سیڑھیوں سے نیچے اترتا ہے اور شانتا کے پاس کھڑا ہو جاتا ہے۔

کمار۔ شانتا اکیلے ہو! کشور کہاں چلا گیا؟

شانتا۔ جی! ابھی تو وہ یہیں بیٹھے ہوئے تھے۔

کمار۔ اچھا! کیا پڑھ رہے ہو؟ ہمیں بھی سناؤ گے؟

شانتا۔ سنئے مہاراج! اس میں لکھا ہے" پاپ اور پن میں بس بال برابر کا فرق ہے اور جو ان دونوں کو اپنے وچاروں سے اپنے کرموں سے ملا دیتا ہے۔ پرماتما اس کو ضرور سزا دیتا ہے۔

کمار۔ ٹھیک ہے! سزا اور عذاب کی دھمکی بالکل بجا ہے۔ جو پاپ کرتے ہیں، چاہے وہ پہاڑوں کی چٹانوں میں گھس جائیں۔ چاہے وہ پاٹ شالوں کے تہہ خانوں میں چھپ جائیں۔ پرماتما کے عذاب سے نہیں بچ سکتے اور وہ لوگ جو پاپی ہیں اور یہ نہیں سمجھتے کہ ہم اپرادھی ہیں پرماتما ان سے بھی جواب طلب کرے گا اُن کو بھی سزا ملے گی

(بادل گرجنے کی دور سے آواز آتی ہے)

شانتا۔ مہاراج! آپ کے ست اپدیش سے نہ صرف من کو سکھ اور شانتی نصیب ہوتی ہے بلکہ آتما بھی ست اور گیان کی چھلکتی ہوئی شراب سے مست ہو کر جھومنے لگتی ہے۔

کمار۔ تعریف اچھی چیز ہے۔ مگر اس کی تعریف کیوں کرتے ہو جس کو آہ! ابھی تک

پرماتما کے چرنوں کے درشن بھی نصیب نہیں ہوئے۔

(حسرت سے گردن جھکا لیتا ہے)

شانتا ۔ چنتا نہ کیجئے مہاراج اب وقت آگیا ہے آپ بہت جلد پرماتما کو پالیں گے۔

کمار ۔ ایشور کرے۔ ان شبدوں کا ارتھ بھی مل جائے

شانتا ۔ مہاراج۔ کاش میں آپ کے کسی کام آتا! کسی طرح آپ کے بوجھ کو ہلکا کر سکتا۔

کمار ۔ تو نے میرے بوجھ کو اب بھی بہت کچھ ہلکا کر دیا ہے۔

اس استھان کی دیکھ بھال کو تو نے اپنے ذمے لے کر مجھے جتنا سکھ دیا ہے

بس میں ہی جانتا ہوں۔

اور تجھے کیا معلوم کہ تیرے پریم بندھن نے مجھے تیرے ساتھ کیسا جکڑ دیا ہے

(کشور آتا ہے)

کمار ۔ کہو کشور کیسے ہو؟

کشور ۔ مہاراج کی کرپا سے بہت اچھا ہوں! آپ نے اپنا دھیان ختم کر لیا؟

کمار ۔ (افسوس کے ساتھ) ہاں صرف نو گھنٹے تک ہی دھیان کیا۔ خیر اب تو برابر تھنا کروں گا

(کمار سیڑھیوں پر چڑھ کر مندر میں داخل ہوتا ہے اور دروازہ بند کر لیتا ہے)

کشور ۔ آج تو مہاراج کچھ اور ہی معلوم ہو رہے ہیں۔

شانتا ۔ ہاں، مہاراج جب تک دھیان میں رہتے ہیں تو کچھ اور ہی ہو جاتے ہیں۔

کشور ۔ مگر آج کل مہاراج کی آنکھوں میں دکھ اور چنتا جھلک رہی ہے۔

شانتا ۔ مہاراج اور دکھی؟ وہ تو رنج اور خوشی دکھ اور سکھ۔ نفرت اور محبت سب سے اونچے ہو گئے ہیں۔

کشور۔ محبت سے کبھی؟

شانتا۔ نفرت اور محبت ساتھ ساتھ رہا کرتی ہے۔ اور یہ سب "مایا موہ" کے پھندے ہیں!

کشور۔ پھر بھی ہم دنیا سے محبت کرتے ہیں۔

شانتا۔ اس لئے کہ ہم دنیا کے دکھیوں کی مدد کریں۔

کشور۔ مگر مہاراج گاؤں والوں سے بہت پریم کرتے ہیں۔

شانتا۔ ہم سنیاسی ہیں۔ ہم نے تمام دنیا کے رشتے ناتوں کو توڑ دیا ہے۔ اب چاہے کوئی ہمارا بھائی ہو یا غیر ہمارے لئے سب ایک ہیں۔ اب ہمیں پرمیشور کے سب بندوں کا برابر خیال ہے۔ ہماری محبت بے لاگ ہے۔

(بادل گرجنے کی دور سے آواز آتی ہے)

کشور۔ تم سچ کہتے ہو۔ مگر میرا خیال ہے کہ مہاراج کو تمہارے ساتھ جو پریم ہے وہ اور کسی کے ساتھ نہیں ہے۔

شانتا۔ نہیں بھائی وہ اس کے سوا کسی سے پریم نہیں کرتے میں ان کے پاس دس سال سے ہوں اور ظاہر میں اب ان کا دارو مدار میری ذات پر ہے۔ لیکن مجھ سے پوچھو تو وہ کسی سے محبت نہیں کرتے۔ اور سب سے محبت کرتے ہیں۔ پرماتما میرا گواہ ہے کہ وہ اس کے سوا کسی سے محبت نہیں کرتے۔

شانتا۔ وہ ہر ایک جان دار سے محبت کرتے ہیں۔ دنیا داروں کی طرح ایک سے محبت اور دوسرے سے نفرت نہیں کرتے۔ پچھلی رات کو جب مینہ دکھیا عورت کے آنسوؤں کی جھڑیوں کی طرح برس کر تھم گیا تھا تو ان کی آواز سے کیسی خوشی اور محبت ٹپکی پڑتی تھی۔ وہ بھگوان کے سچے اوتار ہیں۔

کشور ۔ ہاں ان کی مدھر آواز ابھی تک میرے کانوں میں گونج رہی ہے۔

شانتا ۔ ان کے امرت بھرے شبدوں سے جو سرور مجھے ملتا ہے اس کو میں کبھی نہیں بھول سکتا۔ انہوں نے ثابت کر دیا ہے کہ دنیا کو تیاگ کر جو پرماتما سے لو لگا لیتا ہے آشا اور نراشا اس کے پاس پھٹک بھی نہیں سکتی۔

کشور ۔ یہ ٹھیک ہے ۔ مگر آج کل مہاراج کچھ دکھی معلوم ہو رہے ہیں۔

شانتا ۔ وہ دھیان گیان میں محو رہتے ہیں اور کوئی بات نہیں ہے۔

کشور ۔ نہیں! جس دن سے وہ ان کی ماتا جی کی بیماری کی خبر لایا ہے ۔وہ دکھی ضرور ہیں اور سچ بات تو یہ ہے کہ یہ رشتے ہیں بہت برے !

شانتا ۔ نہیں ۔ ان پر اس بات کا کوئی اثر نہیں پڑا۔

(بادل زور سے گرجتا ہے ۔ مندر کا دروازہ کھلتا ہے ۔ کمار باہر آتا ہے اور مندر کی چوکھٹ پر کھڑے ہو کر آواز دیتا ہے)

کمار ۔ کشور!

کشور ۔ جی مہاراج !

(کشور کمار کے پاس جاتا ہے ۔ کمار اس کو کچھ ہدایت کرتا ہے ۔ کشور چلا جاتا ہے کمار آسمان کی طرف دیکھتا ہے)

شانتا ۔ آہ کیسا منوہر سمے ہے ! مندر کی چوکھٹ پر وہ کھڑے ہوئے ایسے معلوم ہو رہے ہیں۔ جیسے کوئی نیا دیوتا نیک منشوں کو پاپ کے بھنور سے نکال کر سورگ کی راجدھانی میں پہنچانے کے لئے آکاش بستی سے اتر آیا ہے میرے مالک میں تمہیں اپنا گرو بنا کر کتنا نہال ہوں ! پرماتما کی دیا ہے کہ اس نے مجھے تم

تک پہنچا دیا۔

(کشور آتا ہے۔ کمار سیڑھیوں سے اتر کر شانتا کی طرف آتا ہے۔ کشور اس کے پیچھے پیچھے آتا ہے)

کشور ۔ مہاراج سب تیار ہے ۔

کمار ۔ اچھا! جاؤ۔ تم گاؤں جاؤ۔ لوگوں کی خیر معلوم کرو اور ان کو تسلی دو۔ آہ! اگر ایک دن بھی بارش اور ہو گی تو سارے کھیتوں کا ناس ہو جائے گا۔ پھر یہ غریب کس طرح اپنا گزارہ کریں گے؟ نہیں نہیں یہ نہیں ہو سکتا۔ تم دونوں ان کے پاس جاؤ۔ میری آشیرباد پہنچاؤ۔ اور کہو کہ آج رات اندر دیوتا کے چرنوں میں ایک چڑھاوا چڑھائیں گے ایک اور بلیدان دیں گے پھر برکھا نہیں ہو گی ۔

شانتا ۔ اپنے چنبل لے آؤ کشور!

کشور ۔ اور مشعل بھی لے آؤں نا؟

شانتا ۔ ہاں ۔

کمار ۔ (دبی آواز میں) جب بادل چندرما کی نرمل چاندنی کو چھپا دیتے ہیں۔ تو تمہاری مشعلیں کیا چیز ہیں!

(کشور بائیں طرف جاتا ہے ۔ بادل زور سے گرجتا ہے)

کمار ۔ بادل گھرتے آرہے ہیں ۔ پرنتو میری آشا ہے کہ ان کے برسنے سے پہلے تمہیں پناہ مل جائے گی　　(تھوڑا وقفہ)

دنیا میں دن بدن اندھیرا ہی اندھیرا ہوتا چلا جا رہا ہے پاپ اور برائیاں

اس کے چاروں طرف ڈراؤنے اژدہے کی طرح لپٹی چلی جا رہی ہیں۔ ہم سنیاسی ہی اس کو ناش ہونے سے بچا سکتے ہیں۔ شانتا! مضبوط بنو۔ مجھے سہارا دو دنیا میں روشنی پھیلانے میں میری مدد کرو۔ تم صرف میرے چیلے ہی نہیں ہو۔ میرے متر ہو۔ میرے بھائی ہو (کمار شانتا کو کلیجے سے لگا لیتا ہے اور گلوگیر آواز میں) شانتا! مجھے سنسار چکر سے بچا۔

(کشور داخل ہوتا ہے اور یہ دیکھ کر ہکا بکا رہ جاتا ہے)

کمار۔ (شانتا کو چھوڑتے ہوئے) کشور میرے پاس آؤ (کشور آگے بڑھتا ہے کمار اپنا ایک ہاتھ کشور کے کندھے پر رکھتا ہے اور کہتا ہے) چھوٹے بھائی!

کشور۔ (بے تاب ہو کر) مہاراج!

کمار۔ دلیر بنو اور آزاد! سنسار کے جنجالوں سے آزاد! گاؤں جاؤ اور سب کو ہماری آشیرباد پہنچاؤ۔ ایشور ان پر دیا کریں اے اندر مہاراج ... جاؤ جلدی کرو کشور!

کمار۔ (دونوں کے سر پر ہاتھ رکھ کر) میں دونوں کو آشیرباد دیتا ہوں دیوتا تمہاری ....

(بقیہ الفاظ بجلی کی کڑک اور بادل کی گرج میں گم ہو جاتے ہیں۔ دونوں چیلے "اوم شانتی اوم" جپتے ہوئے سیڑھیوں سے نیچے اتر جاتے ہیں)

کمار۔ کیا یہ طوفان گزر گیا؟ اوم شیو! شیو اجی مہاراج! میرا شانتا تم سے پریم کرتا ہے۔ دس برس سے وہ میرے پاس ہے۔ ایشور بھگتی میں اس نے ہر طرح میری مدد کی ہے۔

آہ، آج میں پرماتما سے بہت قریب ہوں ستیہ اور گیان کی چوکھٹ پر کھڑا ہوا ہوں۔ ایسا جان پڑتا ہے کہ وہ وقت آ گیا ہے کہ مایا کا پردہ اُٹھے گا اور ان کے چرنوں سے مجھے آنکھیں ملنے کا موقع ملے گا (یکایک چونکتا ہے) کون ہے (کان لگا کر) یہاں کون آرہا ہے؟ کیا وہ ابھی نہیں گئے۔ یا واپس آ گئے؟ ایسی جلدی؟ یہ بھی عجیب بات ہے! آہ آج کل میں دھڑکنوں میں کس قدر گھرا ہوں۔ شاید میری کھوج کے ختم ہونے کا وقت آ گیا ہو۔ آہ صبح کا اجیالا ہونے سے پہلے رات کا اندھیرا زیادہ چھا جاتا ہے اس کے بعد مجھے روشنی دکھائی دے گی۔ اور میں پرماتما کے درشن کروں گا۔

ایک آواز آتی ہے وہ غور سے سنتا ہے) کیا وہ واپس آرہے ہیں؟ (چلا کر) شانتا! (وہ آگے بڑھتا ہے۔ جھک کر دیکھتا ہے۔ بجلی زور سے کڑکتی ہے۔ وہ دھیان نہیں دیتا اچانک گھبرا کر پیچھے ہٹتا ہے۔ سیڑھیوں پر زور سے چڑھنے کی آواز آتی ہے یہ یقین کرنے کے لئے کہیں یہ خواب تو نہیں ہے۔ اپنی آنکھیں ملتا ہے۔ پھر چند قدم آگے بڑھتا ہے مندر کے سامنے ایک بوڑھے آدمی کا سر دکھائی دیتا ہے۔ کمار گھبرا کر پیچھے ہٹتا ہے یہاں تک کہ اس کی کمر تلسی کے پودے سے لگ جاتی ہے۔ وہ ساکت کھڑا ہو جاتا ہے۔ بوڑھا آخری سیڑھی پر چڑھ جاتا ہے اس کی نگاہ کمار کی طرف نہیں جاتی۔ اس کی نظریں ہمالیہ کی چوٹیوں پر پڑتی ہیں۔ پھر استھان کی دیواروں پر آتی ہیں پھر ایک دم کمار پر جم جاتی ہیں۔

کمار۔ (غور سے دیکھتے ہوئے) کس کو ڈھونڈ رہے ہو؟

بوڑھا۔ آہ! کمار تو نے اپنے بوڑھے باپ کو نہیں پہچانا۔

کمار۔ باپ! میرا کوئی باپ نہیں ہے!

بوڑھا ۔ مگر میں تو تیرا باپ ہوں ۔ دو تین روز ہوئے میرا پیامی تیرے پاس نہیں آیا تھا؟ کیا اس نے مجھ سے جھوٹ بولا؟ کیا تجھے معلوم نہیں کہ تیری ماں . . .

کمار ۔ ہاں! تمہارا پیامی آیا تھا۔

بوڑھا ۔ پھر تو فوراً گھر کیوں نہیں پہنچا؟ خیر اب باتوں کا وقت نہیں ہے چل بیٹا چل۔ تیری ماں دنیا کو چھوڑ رہی ہے۔

کمار ۔ میں نہیں جا سکتا۔

بوڑھا ۔ تو نہیں جا سکتا! تجھے معلوم نہیں کہ تیری ماتا کی مرتیو کا سمے آن پہنچا؟

کمار ۔ میں نے دنیا کو تیاگ دیا۔ بارہ سال سے نہ کوئی میرا باپ ہے اور نہ کوئی ماں!

بوڑھا ۔ تو ہمیں چھوڑ سکتا ہے مگر ہم نے تجھے نہیں چھوڑا۔ اب تجھے چلنا پڑے گا۔

کمار ۔ میں نے تمہارے پیامی سے کہہ دیا تھا کہ اب نہ میرا کوئی باپ ہے اور نہ ماں میں نہیں آ سکتا۔

بوڑھا ۔ میں نے سب سُن لیا ۔ ہمارا پتر ہو کر ایسا پتھر کا دل! اچھا بیٹا چل میں تیرا پتا ہوں اور تیری بنتی کر رہا ہوں۔

کمار ۔ نہیں نہیں ۔ پرماتما ہی میرا پتا ہے!

بوڑھا ۔ کیا شاستروں میں نہیں لکھا کہ تمہارے ماتا پتا ہی تمہارے دیوتا ہوتے ہیں ۔ تمہیں ان کی آگیا کا پالن کرنا چاہئے۔

کمار ۔ یہ اُنہوں نے لکھا ہے جو گیان کی روشنی سے محروم تھے۔

بوڑھا ۔ میں تمہیں شاستروں کے نام پر حکم دیتا ہوں۔

کمار ۔ میں صرف پرماتما کا حکم ہی مانتا ہوں۔

بوڑھا۔ وشنو! مجھے پناہ دو! بیٹا کیا تم سپنا دیکھ رہے ہو؟
تیری ماتا موت کے پنجے میں جکڑ رہی ہے۔
کمار۔ میں نے یہ سب سن لیا۔
بوڑھا۔ اور پھر تو نہیں جاتا۔
کمار۔ نہیں، پتاجی میں نہیں جا سکتا جس دن میں سنیاسی ہوا تھا اسی دن میں نے ان بندھنوں کو کاٹ دیا تھا جنہوں نے مجھے تمہارے ساتھ جکڑ رکھا تھا۔ اب مجھے سب رشتوں ناتوں کو تیاگ دینا چاہیئے میں اپنے لئے کسی سے پریم نہیں کر سکتا۔ میرا پریم صرف پرماتما کے لئے ہے۔ جب تک کہیں اور نہ بلایا جاؤں میں یہیں رہوں گا۔ جہاں پرماتما کی مرضی ہے۔
بوڑھا۔ مگر تیری ماتا سانس پورے کر رہی ہے اور اسے تیرے دیکھنے کی اچھیا ہے۔
کمار۔ میں نہیں جا سکتا۔
بوڑھا۔ تجھے چلنا چاہیئے۔
کمار۔ میں ضرور جاتا۔ مگر بے بس ہوں۔ میرے جیون کی ڈور پرماتما کے ہاتھ ہے۔
بوڑھا۔ (ہنسی اڑاتے ہوئے) پرماتما! تیرا جیون پرماتما کے ہاتھ میں ہے! کس نے تجھے جیون دیا! پرماتما نے؟ نہیں! اس نے جو وہاں پڑی مر رہی ہے آہ کیسا انیائے ہے؟ بے شک یہ کلجگ ہے۔ بیٹا اپنے باپ کی نہیں مانتا اپنی ماتا کو خود مار رہا ہے۔
کمار۔ (دبی آواز میں) میں اس کے سوا کسی سے پریم نہیں کرتا۔ جدھر پرماتما

چاہے گا اُدھر ہی جاؤں گا۔

بوڑھا۔ (مذاق اُڑاتے ہوئے) بیشک۔ سچائی تیری گواہی دے رہی ہے۔

کمار۔ پرماتما مجھے سزا دے اگر میں اس کے سوا کسی سے پریم کرتا ہوں سُنو میرے پرماتما! (بجلی زور سے کڑکتی ہے)

بوڑھا۔ (گھبرا کر) چلو میرے پیارے چلو۔ اپنے پرماتما کے نام پر چلو۔ اپنی ماں کو صورت دکھادو۔ میں تمہارے چرنوں میں سیس نواتا ہوں۔ چلو!

بوڑھا کمار کے قدموں میں گرتا ہے وہ اس کو اُٹھاتا ہے اور خود اس کے قدموں میں سر ڈال دیتا ہے۔

بوڑھا۔ اچھا اب چلے چلو بیٹا!

کمار۔ (جھجکتے ہوئے) پوتر ویدوں میں ایک آگیہ ہے کہ سنیاسی ہر بارھویں برس اپنی "جنم بھومی" کو ایک دفعہ دیکھ سکتا ہے۔

بوڑھا۔ اور یہ بارھواں برس ہے جب تم نے اپنا گھر چھوڑا تھا۔

کمار۔ پرنتو پتا جی اگر اب میں تمہارے ساتھ چلا جاؤں تو میرا یہ جانا اس آگیہ کو پورا کرنے کے لئے نہیں بلکہ میرے ہردے میں ماتا کے درشنوں کی جو ابھلاش ہے اس کو بجھانے کے لئے ہوگا۔ کیونکہ اس سے پہلے یہ آگیہ میرے چتنے میں کبھی نہیں آئی تھی! یہ آگیہ کے الفاظ ہیں مگر گیان کی وہ روشنی جو ہمیں بُرائی بھلائی سمجھاتی ہے۔ صاف کہہ رہی ہے کہ تیرا جانا آگیہ کا ایمان کرنا ہے (وقفہ) محض وچار ہی ہمارے کرموں کی جانچ کرنے والی ایک ترازو ہے جو برائی کی طرف جھکتا ہے وہ پاپی ہے۔ نہیں نہیں تم مجھے آگیا کے بوجھ میں نہ پھنساؤ میں اپنی آگیہ

کو نہیں توڑ سکتا دکمار آسمان کی طرف دیکھتا ہے۔ کالے کالے بادل چھائے
ہوئے ہیں)

بوڑھا ۔ آگیہ آکاش پر نہیں لکھی ہوئی وہ منش کے من میں سمائی ہوئی ہے ۔ اپنے
من کی آگیہ کا پالن کرو۔

کمار ۔ صرف پرماتما کی آگیہ کا پالن کرنا چاہیئے ۔ میں اس کی آگیہ کا اپمان نہیں
کر سکتا۔ میں بیراگی ہوں مجھے ماتا کے درشنوں کی اچھیا کو پورا نہیں کرنا
چاہیئے اے پرماتما۔

بوڑھا ۔ پرتما کا یہی برتاؤ ہے کہ وہ مرتی ہوئی ماں سے اس کے بالک کو چھڑالے
ہم نے تو ایسا پرماتما نہ دیکھا نہ سنا۔

کمار ۔ پاپی آتما! پرماتما کا اپمان نہ کر وہ پریم ایشور ہے ۔ دیا ساگر ہے۔

بوڑھا ۔ (نفرت کے ساتھ) دیا ساگر! پریم ایشور! وہ کیسے پریم ایشور ہو سکتا
ہے۔ جس نے تیرے ہردے کی رگوں کو خشک کر دیا ہے اور تیری
مت کو اس طرح اندھا کر دیا ہے۔ جس طرح کالے بادل سورج کی
آنکھوں کو اندھا کر دیتے ہیں۔ نہیں تو جھوٹ بولتا ہے ۔ وہ پریم
ایشور نہیں ہے ۔ وہ من بھگتی کا ایشور ہے ۔ جس نے تیری ماں
کی آخری اچھیا پر ڈاکہ ڈالا ہے ۔ اگر تو ماتا کے درشنوں کے بدلے
پاپی ٹھیرایا جائے گا تو میں پرماتما سے کہوں گا کہ اس پاپ کی سزا
مجھے دی جائے چل اپنے پتا کا کہنا مان ۔ اگر تیرا یہ پاپ ۔ پاپ ہے
تو اس کا بوجھ میں اپنے سر لوں گا۔

کمار ۔ نہیں جس طرح ایک منش کو اس کے پنیوں کا پھل ملتا ہے۔ اس کے
پاپوں کا بھی اسی کو بھرنے گا۔ کوئی کسی کی سزا اوٹ نہیں سکتا۔ پرماتما!
پھٹکار ہے اس گھڑی پر جب میں نے جنم لیا تھا۔ پھٹکار ہے!

بوڑھا ۔ (غصہ کے ساتھ) اپمانی! اپنی جنم گھڑی پر پھٹکار بھیجتا ہے؟

کمار ۔ ہاں اس پاپوں بھری دنیا میں جنم لینا پھٹکار ہی ہے۔

بوڑھا ۔ پھر پھٹکار بھیج اپنی اندھی سمجھ پر پھٹکار بھیج اپنے باؤلے من پر۔

کمار ۔ نہیں میں تو اس گھڑی پر پھٹکار بھیجتا ہوں۔ جب میں اس مایا اور جنجال
کی دنیا میں آیا تھا۔

بوڑھا ۔ تو اس گھڑی پر پھٹکار بھیجتا ہے جب تو پیدا ہوا تھا؟ او کمینے پاپی!
پرمیشور میرا گواہ ہے کہ تو نے اپنے پتا کی بنتی کو ٹھکرا دیا ہے۔ اب تجھے
کوئی دیوتا نہیں بچا سکتا۔

کمار ۔ نہیں! نہیں!

بوڑھا ۔ کمار! میں تیرا پتا ہوں اور جیون کا دیوتا۔ پھٹکار بھیج اس پر جس
نے ماتا سے اس کے بالک کو چھڑا لیا ہو۔ اور ایسی ماتا سے جو اپنے
بالک کے بیراگ میں دم توڑ رہی ہو۔

کمار ۔ (چلا کر) ایسا نہ کہو پتا جی ایسا نہ کہو۔

(چمک، کڑک، گرج، تمام آسمان پر بادل چھا جاتے ہیں)

بوڑھا ۔ ایسا نہ کہوں؟ ایسا ہی ہوگا۔ تیرے دن پر پھٹکار ہے۔ تیری رات
پر پھٹکار ہے۔ تیرے آنے پر پھٹکار ہے۔ آنے والی نسلیں تجھ پر پھٹکار

بھیجا کریں گی۔ پرماتما تیرے اوپر پھٹکار بھیجے گا۔ (کڑک، گرج، چمک)

کمار۔ پتاجی چھما کرو۔ (باپ کے قدموں پر گر جاتا ہے)

بوڑھا۔ (پیچھے ہٹتے ہوئے) مجھے مت چھوؤ! (بائیں طرف جاتے ہوئے) پھٹکار ہے تیرے جیون پر۔ پھٹکار ہے تیری مرتیو پر!

کمار۔ اے پرمیشور! پتاجی اس طرح نہ جاؤ۔ بہرہ کر دینے والی کڑک! اندھا کر دینے والی چمک!)

بوڑھا۔ میں تیرا باپ نہیں ہوں۔

کمار۔ پتاجی ....

بوڑھا۔ پتا کہہ کہہ کر میرے دل کو دکھ نہ دے۔ پرماتما کے ہاتھ اس کا نیائے ہے۔ (وہ غصہ اور غضب کی حالت میں نظروں سے غائب ہو جاتا ہے)

کمار۔ پتاجی۔ ذرا سنو! چمک اور گرج کے ساتھ زور کی بارش آتی ہے۔ مینہہ کی دل دار چادریں ذرا سی دیر میں ہر چیز کو نظروں سے اوجھل کر دیتی ہیں۔ اندھیرا گھپ ہو جاتا ہے)....تھوڑی دیر بارش پڑنے کے بعد آسمان صاف ہو جاتا ہے۔ ہلکی ہلکی چاندنی میں کمار۔ تلسی کے پودے،" کے سامنے جھکا ہوا نظر آتا ہے۔ سر سے پیر تک بھیگا ہوا ہے۔ بال بکھرے ہوئے ہیں۔ چہرے پر موت کی سی زردی کھنڈی ہوئی ہے۔ آہستہ آہستہ اٹھتا ہے)۔

کمار ۔ (بہت دھیمی آواز میں) کیا مینہ ختم ہو گیا؟ کیا میں پرماتما کی آزمائش میں .... پورا اترا؟ بے شک اگر میں ڈگمگا جاتا تو بجلی گرتی اور مجھے بھسم کر دیتی میں موت کے انتظار میں اندھا بنا کھڑا تھا مگر وہ نہیں آئی خیر پرماتما نے مجھے آزما لیا (آہستہ سے کچھ آوازیں آتی ہیں مگر اس کو سنائی نہیں دیتیں) اے پاپی دنیا! آخر تجھ سے چھٹکارا مل ہی گیا۔ اب میں آزاد ہوں۔ ہر ایک بندھن سے پریم سے اور پریم کرنے سے دنیا کے ہر رشتہ سے آزاد ہوں پرماتما کے سوا میرا اب کسی سے واسطہ نہیں ہے۔ اب مجھے کسی منش سے لاگ نہیں ہے اور .... اور شانتا سے (آواز سے وہ چونکتا ہے روشنی دکھائی دیتی ہے۔ وہ چند قدم آگے بڑھتا ہے، (رام رام ست ہے کی آوازیں دور سے آتی ہیں)

کمار ۔ کون ہے؟

کشور ۔ مہاراج! مہاراج۔

کمار ۔ کشور تم ہو؟ (تھوڑا وقفہ، مگر بہت سنسنی پیدا کر دینے والا) مگر یہ گھبراہٹ کیوں ہے؟ شانتا! شانتا! کہاں ہے شانتا؟ شانتا!

کمار ۔ (یکایک مشعلیں دیکھ کر) بتاؤ یہ کون آرہے ہیں؟

کشور ۔ وہ کون ہے؟ (گھبرا کر سچائی اس کے لبوں پر آجاتی ہے) شانتا کہاں ہے؟

کشور ۔ (پھوٹ پڑتا ہے) پہاڑ کے نیچے اس پر بجلی گر پڑی۔

کمار ۔ (خوفناک چیخ کے ساتھ) شانتا! میرا شانتا!

(چار آدمی ہاتھوں میں مشعلیں لئے ہوئے اور کسی سفید چیز کو تھامے سیڑھیوں سے اوپر چڑھتے ہیں۔ کمار بے حس وحرکت کھڑا رہتا ہے ایک اور مشعل ان کے پیچھے اٹھتی ہوئی دکھائی دیتی ہے)

کمار۔ شانتا چل بسا.... (وقفہ) ....

(آسمان کی طرف دیکھتے ہوئے) یہ ہے پرماتما کا انصاف۔

(آہستہ آہستہ پردہ گرتا ہے)

(ماخوذ)

☆☆☆

بیگم نمبر تین

افرادِ تمثیل

نواب منقارالدولہ	والئی فلستان
بیگم قہرمان	نواب صاحب کی بیگم نمبر تین
چوب دار	....

پہلا منظر

شاہی محل کے ناشتے کے کمرے میں نواب صاحب اور بیگم ناشتہ میں مشغول ہیں۔

نواب صاحب ۔ آج یخنی بہت پتلی ہے ۔ اچھی نہیں ہے ۔

بیگم ۔ کل آپ نے شکایت کی تھی کہ یخنی بہت گاڑھی ہے ۔

نواب صاحب ۔ ہاں کل گاڑھی تھی ۔ نہ مجھے گاڑھی یخنی پسند ہے اور نہ پتلی بالکل ٹھیک ہونی چاہئے ۔

بیگم ۔ بڑی مشکل ہے ۔ بہت خیال کے ساتھ پورے پاؤ گھنٹہ یخنی پکائی ہے پھر بھی آپ کو پسند نہیں ۔ خیر اب دوبارہ تیار کرائے دیتی ہوں ۔

نواب صاحب ۔ نہیں اب دیر ہو جائے گی ۔ مگر افسوس کی بات تو یہ ہے کہ تمہیں یخنی پکانی نہیں آتی اسی لئے تو میں کہتا ہوں کہ باورچی خانے سے تیار ہو کر آجایا کرے گی ۔ ۔ ۔ (وقفہ) میرا خیال تھا کہ تمہاری جیسی سمجھدار عورت کم سے کم یخنی ضرور اچھی تیار کرائے گی ۔ خدا بخشے ہماری بڑی بیگم بہت عمدہ یخنی تیار کراتی تھی ۔

بیگم ۔ کون سی بیگم ۔ ۔ ۔ ؟ بیگم ارسلان ۔ ۔ ۔ ؟ بیگم ارغمان ۔ ۔ ۔ ؟

نواب صاحب ۔ میں تو بیگم یاغستان کا ذکر کر رہا ہوں اور بیگم ارسلان سے تو کبھی میں

نے شادی ہی نہیں کی !

بیگم - ہاں بیگم یاغستان کو ضرور یخنی پکانی آتی ہوگی .... کیونکہ اس کی ماں باورچن تھی۔

نواب صاحب - بالکل غلط ہے - اس کی ماں ....

بیگم - تم شاید بیگم فرغمان کے دھیان میں ہو - خیر ہوگی کوئی - مگر تمہیں اس کی چاہت مجھ سے زیادہ ہے۔

نواب صاحب - میں کب کہہ رہا ہوں - میں نے تو صرف اتنا کہا تھا کہ وہ یخنی اچھی پکاتی ہے اور بیگم فرغمان کا کیا ذکر تھا تم تو خواہ مخواہ چھیڑ بیٹھیں۔

بیگم - صاف طور پر تمہارا یہ مطلب تھا کہ وہ سگھڑ تھی اور تم پھوہڑ ہو - تم دوسری بیگموں کا ذکر کرکے میری توہین کر رہے ہو !

نواب صاحب - نہیں یہ میرا منشا نہیں ہے - میں نے تو صرف اتنا کہا تھا کہ آج یخنی اچھی نہیں ہے۔

(بیگم غصہ میں بھری ہوئی اٹھتی ہے اور دروازہ کی طرف جاتی ہے)

بیگم - روز روز کے جھگڑے سے یہ بہتر ہے کہ ایک دن ہی قصہ ختم ہو جائے میرا یہاں سے کالا مونہہ کر دو - اور کسی باورچن کو بلا لاؤ - میں نوکروں کی اس سے زیادہ نگرانی نہیں کر سکتی۔

نواب صاحب - پیاری بیگم مت جاؤ - میں تمہارا دل دکھانا نہیں چاہتا - تمہیں تو بہت اچھی یخنی پکوانی آتی ہے - آؤ - بیٹھو۔

بیگم - (واپس آتے ہوئے) نہیں نہیں انسان ایک دفعہ ٹھوکر کھاتا ہے بار بار نہیں کھاتا

اب میں تمہارے لئے کبھی یخنی نہیں پکواؤں گی مجھے یخنی پکوانی آتی ہی نہیں۔

نواب صاحب۔ اچھا چھوڑو بھی یخنی کے جھگڑے کو۔ آج میرا خیال تھا کہ صبح صبح کچھ گانا بجانا ہونا چاہیئے اور ہاں آج میں نے صبح چند شعر کہے ہیں۔ طرز بہت اچھی ہے۔ رباب کی گت کے ساتھ سریلی آواز میں پیارے معلوم ہوں گے۔ رزمیہ شعر ہیں۔

بیگم۔ اچھا تو سناؤ۔

(نواب صاحب گانے کی کوشش کرتے ہیں۔)

آؤ رستم کے دیکھو کارنامے جو زیب تن کرتا تھا خوش رنگ جامے

برف سے سفید تھا اس کا گھوڑا ————————

بیگم۔ ہیں یہ کیا لکھا ہے آپ نے "رستم کا گھوڑا سفید تھا"...؟

اور یہ شعر موزوں تو معلوم ہوتے نہیں۔

نواب صاحب۔ ہاں کیوں! شعر موزوں ہو جائیں گے۔ ابھی ابتدائی حالت میں ہیں اور گھوڑے کی بابت تم کیا کہہ رہی تھیں؟

بیگم۔ میں یہ پوچھ رہی تھی کہ آپ کا روئے سخن رستم اعظم یعنی سہراب کے باپ کی طرف ہے نا؟

نواب صاحب۔ ہاں۔

بیگم۔ مگر اس کا گھوڑا تو کالا تھا۔

نواب صاحب۔ نہیں پیاری تم بھول رہی ہو۔ اس کا گھوڑا تو سفید ہی تھا۔

بیگم۔ نہیں کالا سنگِ موسیٰ کی طرح کالا۔

نواب صاحب۔ نہیں سفید تھا۔ تم چاہے جس سے پوچھ لو

بیگم ۔ نہیں کالا تھا وہ اپنے کالے گھوڑے کے ساتھ مشہور ہے سینکڑوں تصویریں اس کی کالے گھوڑے پر ہیں اور آبا جان کے پاس بھی ایک تصویر ہے ۔

نواب صاحب ۔ مصوّر کی غلطی ہوگی ۔ شاہنامہ میں فردوسی نے لکھا ہے کہ اس کا گھوڑا سفید تھا ۔

بیگم ۔ آپ کا دھیان اس وقت کسی اور طرف ہے ۔ بچپن میں ہمارے باپ اکثر اس کے کالے گھوڑے والی تصویر دکھایا کرتے تھے ۔ اور شاہنامہ کے شعر سناتے تھے اور اُن کا مطلب سمجھاتے تھے ۔

نواب صاحب ۔ اچھا میں تمہیں ابھی شاہنامہ میں دکھاتا ہوں ۔ ارے ہے کوئی جو شاہنامہ نکال کر لائے ۔

بیگم ۔ مجھے خوب اچھی طرح یاد ہے کہ میرے بھائی کے پاس ایک کالا گھوڑا تھا جس کو ہم رستم کا گھوڑا کہا کرتے تھے ۔

نواب صاحب ۔ کالے گھوڑے کو "رستم کا گھوڑا" کہنا حماقت ہے ۔

بیگم ۔ سفید گھوڑے کو "رستم کا گھوڑا" کہنا اس سے زیادہ حماقت ہے ۔

نواب صاحب فردوسی نے لکھا ہے کہ اس کا گھوڑا ایسا تیز اور منہ زور تھا کہ کسی کے قبضہ میں نہ آتا تھا اور اس زمانے کے ایران کے سفید گھوڑے ایسے ہی ہوا کرتے تھے ۔

بیگم ۔ مگر اس نے یہ نہیں لکھا کہ سفید تھا اور اس زمانے کے ایران کے کالے گھوڑے مشہور ہیں ۔

نواب صاحب ۔ اس سے تمہارا یہ مطلب ہے کہ میں جھوٹ بول رہا ہوں ۔

بیگم ۔ میرا یہ مطلب نہیں کہ تم جھوٹ بول رہے ہو۔ مگر تمہاری بھول ہے اور ضد بھی

نواب صاحب ۔ نہیں پیاری یہ ایک تاریخی چیز ہے جس کو میں اپنی ساری عمر سے دیکھتا رہا ہوں بھول نہیں سکتا۔

بیگم ۔ مجھے یقین ہے کہ تم بھول رہے ہو۔ بہت سے نام ہونے سے ایک نہ ایک نام ذہن سے اُتر جاتا ہے۔ شاید تم سہراب کے سفید گھوڑے کے دھیان میں ہو۔

نواب صاحب ۔ جی تو یہ مذہب اور علم سے ناواقفیت کا یہی نتیجہ ہوتا ہے فارسی نہ پڑھنے کی یہ ساری خرابی ہے۔

بیگم ۔ خدا کا شکر ہے کہ میں نے فارسی نہیں پڑھی۔ مُلیٹوں کی زبان ہے کچھ خانقاہوں اور مدرسوں میں رہنے والوں ہی کو زیب دیتی ہے۔

نواب صاحب ۔ تو اس کا مطلب یہ ہے کہ میں مُلیٹا ہوں۔

بیگم ۔ میں نے تو یہ نہیں کہا۔ میں نے تو صرف اتنا کہا تھا کہ رستم کا گھوڑا کالا تھا۔

نواب صاحب ۔ میں تو مُلیٹوں کو بے دین "قہرمانیوں" سے بہتر سمجھتا ہوں۔

بیگم ۔ آپ تو یاغستانیوں کی طرح کہیں سے کہیں جا پہنچے۔ یاغستانی بھی دلائل کو نہیں مانتے۔

نواب صاحب ۔ میرے خاندان کی توہین نہ کرو۔

بیگم ۔ آپ نے پہلے میرے خاندان پر حملہ کیا تھا۔ میرا گھرانہ آپ کے گھرانے سے زیادہ قدیم اور معزز ہے۔

نواب صاحب ۔ اب برداشت نہیں کر سکتا (نواب صاحب کھڑے ہوتے ہیں)

نواب صاحب ۔ ارے یہ خادم، چوبدار سب کہاں چلے گئے۔

چوب دار۔ حضور غلام حاضر ہے۔
نواب صاحب۔ جاؤ امیر شمشیر جنگ سے جا کر کہو کہ بیگم قہرمان کے قید کرنے کا مقبرے میں انتظام کریں۔
چوب دار۔ وہی رسمیں ادا کی جائیں گی جو بیگم ارسلان کے وقت ادا کی گئی تھیں؟
نواب صاحب۔ ہاں صرف نقارہ پر دو چوٹوں کے بجائے تین چوٹیں لگائی جائیں گی۔
چوب دار۔ بہت اچھا حضور (چوب دار دروازہ کی طرف جاتا ہے۔)
نواب صاحب۔ اور ہاں ذرا مورخ اعظم سے پوچھتے آنا کہ رستم کے گھوڑے کا رنگ سفید تھا نا؟
بیگم۔ اچھا اب میں اجازت چاہتی ہوں مجھے بہت جلد یہاں سے روانہ ہوتا ہے اپنا سامان ٹھیک ٹھاک کر لوں اور کل آپ میرے نشست کے کمرے میں رباب بھول آئے تھے۔ وہ بھی لیتی آؤں گی۔
نواب صاحب۔ ٹھہرو ایسی جلدی نہیں ہے میری طبیعت کچھ موسیقی کی طرف مائل ہو رہی ہے۔
بیگم۔ وقت کم ہے اور مجھے بہت سے کام کرنے ہیں اور اس پر بھی غور کرنا ہے کہ مجھے اپنی آزاد زندگی کے آخری لمحے کس طرح گزارنے چاہئیں آپ کسی اور کو اپنی مصاحبت میں بلا لیجئے۔
(چوب دار داخل ہوتا ہے)
چوب دار۔ حضور سلامت۔ امیر شمشیر جنگ بہادر سپہ سالار اعظم نہیں ملے اور

مورخ اعظم صاحب نے ارشاد فرمایا ہے کہ حضور والا کا خیال درست ہے۔ رستم کا گھوڑا سفید تھا۔

نواب صاحب ۔ اچھا تم جا سکتے ہو اور دیکھو امیر شمشیر جنگ کو اب پیغام پہنچانے کی ضرورت نہیں ہے۔ میں تو بیگم سے مذاق کر رہا تھا۔ پیاری تم گھبرا گئیں

بیگم ۔ مجھے ایسے فضول مذاق اچھے معلوم نہیں ہوتے اور رستم کا گھوڑا تو کالا تھا۔

نواب صاحب۔ خیر اب آؤ رنگ جمائیں۔ لاؤ رباب لاؤ۔ تم نے دیکھا نا میرا خیال درست تھا۔

بیگم ۔ مگر حقیقت یہ ہی ہے کہ رستم کا گھوڑا کالا تھا۔

نواب صاحب (پیار سے پچکار کر) ہاں ہاں پیاری وہ کالا تھا۔ مگر اب چھوڑو اس جھگڑے کو۔ آؤ اب موسیقی کے نشے میں مست ہو جائیں۔

نواب صاحب ۔ ارے کوئی ہے؟

چوب دار۔ حضور سلامت۔

نواب صاحب۔ جاؤ گانے والی کو بلاؤ ....

گانا ۔ ....

ڈراپ

☆☆☆

خودکشی

افرادِ تمثیل

فرحت	ایک مشہور شاعر
ہوش پریمی	ایک معروف افسانہ نگار
شاطر فریدی	ایک اجنبی
چھمّا	شاعر کا ملازم
رحیما	ہوش صاحب کا نوکر

پہلا منظر

نئی دہلی میں ایک چھوٹا سا خوب صورت بنگلہ ہے جس کو فرحت کوٹیج کہتے ہیں۔ اس بنگلہ میں ایک چھوٹا سا دار المطالعہ ہے۔ اس میں فرنیچر، آرائش کتابوں کی الماریاں اور کتابیں سب چیزیں مشرقی طرز اور مغربی ذوق کا بہترین مجموعہ ہیں۔ اس وقت فرحت نعمانی ایک کوچ پر لیٹے ہوئے ایک غزل کو مکمل کر رہے ہیں۔

فرحت نعمانی۔ (گنگناتے ہوئے) جوانی کے دھن میں۔ جوانی کو ڈھونڈا جوانی کو پایا۔

جوانی لٹا دی .... وہ تم تھے کہ تم نے .... نظر تک چرائی .... وہ تم تھے کہ تم نے .... نظر تک چرائی .... وہ میں تھا کہ میں نے .... جوانی لٹا دی۔

(کسی کے آنے اور دروازہ کھلنے کی آواز آتی ہے)

جُمّا ۔ حضور ہوش صاحب کا ملازم رقعہ لایا ہے۔

فرحت۔ (کھوئی ہوئی حالت میں) ہوں .... کون ہے کیا ہے۔

جُمّا ۔ حضور .... ہوش صاحب کا ملازم۔

فرحت۔ کیا کہتا ہے ....؟

جُمّا ۔ یہ رقعہ لایا ہے۔

فرحت۔ ہوں۔ دیکھو۔ کہو کہ ہوش صاحب سے میرا سلام کہے اور کہے کہ وہ ابھی

آدھے گھنٹے میں آتے ہیں۔ ایک ضروری کام کر رہے ہیں۔ زیادہ سے زیادہ آدھے گھنٹے میں آئیں گے۔

جُمّا ۔ اچھا حضور....

فرحت ۔ (گنگناتے ہوئے) وہ تم تھے کہ تم نے نظر تک چرائی۔ وہ میں تھا کہ میں نے جوانی لٹا دی۔ جوانی تھی فانی ــــ محبت ہے باقی۔ جوانی تھی فانی محبت ہے باقی۔ جوانی کے ــــ نہیں ــــ نہیں، محبت کے صدقے.... جوانی لٹا دی۔ ٹھیک اب ٹھیک ہو گیا جوانی تھی فانی ــــ محبت ہے باقی محبت کے صدقے ــــ جوانی لٹا دی۔ (جُمّا پھر آتا ہے)

جمّا ۔ حضور ایک صاحب ملنے آئے ہیں ــــ شاطر فریدی اُن کا نام ہے۔

فرحت ۔ شاطر فریدی۔ کون صاحب ہیں؟ میں تو اُن سے واقف نہیں ہوں۔ کسی رسالے کے ایڈیٹر ہوں گے۔ ناک میں دم آ گیا ہے۔ اِن ایڈیٹروں سے کسی وقت کام ہی نہیں کرنے دیتے۔

جُمّا ۔ جی ہاں۔ ہاتھ میں ایک بیگ سا سنبھالے ہوئے ہیں۔

فرحت ۔ اچھا بھیج دو۔ ان کو۔

(کسی کے آنے کی کواڑ کھلنے اور بند ہونے کی آواز)

شاطر ۔ آداب عرض ہے۔

فرحت ۔ آداب عرض ہے آئیے۔

شاطر ۔ جناب والا۔ مجھے افسوس ہے کہ میں نے آپ کو ایسے ناوقت تکلیف دی۔

فرحت ۔ نہیں: کوئی بات نہیں ہے۔ فرمائیے۔ آپ کون سے اخبار یا رسالے کے ایڈیٹر ہیں

شاطر۔ میں ....؟ حقیقت یہ ہے کہ میں ایڈیٹر نہیں ہوں میں ایک ناچیز شاعر ہوں۔ عرصے سے ملنے کا اشتیاق تھا.... معلوم ہوا تھا کہ آپ نہایت ہی خوش اخلاق باکمال ہستی ہیں۔

فرحت۔ شکریہ .... بہر حال فرمائیے .... کیا۔

شاطر۔ (غمناک لہجے میں) جی میں عرض کرتا ہوں جن حالات میں اس وقت آپ کی خدمت میں حاضر ہوں۔ وہ اس قدر المناک ہیں۔

فرحت۔ (مداخلت کرتے ہوئے) مجھے افسوس ہے کہ اس وقت میں زیادہ دیر آپ سے باتیں نہیں کر سکتا میرے دوست میرا انتظار کر رہے ہیں۔

شاطر۔ (تیزی کے ساتھ) جی ہاں۔ میں ابھی عرض کرتا ہوں حالات کچھ ایسے پریشان کن اور حوصلہ شکن ہیں کہ....

فرحت۔ (کھڑے ہوتے ہوئے) مگر میں آپ سے کہہ چکا ہوں کہ مجھے باہر جانا ہے آپ پھر کسی وقت....

شاطر۔ بس چند منٹ تشریف رکھیے میں سب کچھ جلدی سے عرض کئے دیتا ہوں

فرحت۔ فرمائیے۔

عرض ہے کہ میں ایک قدیم معزز .... زمین دار خاندان کا فرد ہوں مجھے بچپن ....

فرحت۔ مہربانی سے ذرا مختصر ....

شاطر۔ مجھے کہنے دیجئے۔ بہت مختصر کہہ رہا ہوں۔ ہاں تو مجھے بچپن سے ہی کھیتی باڑی کے کام سے دلچسپی نہ تھی .... مجھے شہرت حاصل کرنے کا شوق تھا میری آرزو تھی

کہ میں ٹیگور بن جاؤں ۔ میری تمنا تھی ۔ میری تمنا تھی کہ میں اقبال کہلاؤں
آہ میری خواہش تھی کہ فرحت نعمانی کی طرح دنیا میں اپنی شاعری کا سکہ
چلاؤں ۔ اور بچہ بچہ کی زبان پر شاطر فریدی کا پر اثر کلام ہو۔

فرحت ۔ مگر وقت ۔

شاطر ۔ (بغیر دھیان دیئے ہنستے) جی ہاں وقت کا ہی تو رونا ہے ۔ میں نے لٹریچر اور شاعری کا مطالعہ شروع کر دیا۔ کلام کے انبار لگا دیئے مگر وقت آہ! میرے والد کو شاعری سے سخت نفرت تھی ۔ انہوں نے ایک دن مجھ سے صاف کہہ دیا کہ یا تو اس شاعری سے باز آجاؤ ورنہ کہیں اپنا ٹھکانہ کرو۔ میں نے بہت کوشش کی کہ وہ مجھے شاعری کی اجازت دے دیں مگر بے سود آخر مجبور ہو کر ایک دن مجھے اپنے گھر خیر باد کہنا پڑا اور میں خاک چھانتا ہوا ٹھوکریں کھاتا ہوا دہلی چلا آیا۔

فرحت ۔ ذرا جلدی ختم کیجیے ۔ یہ موقعہ ....

شاطر ۔ موقعہ نے سدا مجھے دھوکا دیا۔ کبھی میری موافقت نہیں کی ۔ تین سال تک متواتر ملازمت حاصل کرنے کے لئے میں جدوجہد کرتا رہا مگر کامیابی نہ ہوئی میں نے بہت سی نظمیں لکھیں ۔ کئی افسانے بھی لکھے ۔ وہ معمولی رسالوں میں چھپے مگر شکریے کے چند لفظوں کے سوا مجھے یہ ایڈیٹر، کچھ بھی نہ دے سکے پھر میں نے فلم کے لئے کہانیاں اور ڈرامے لکھے ۔ مگر فلم کمپنیوں کے ظالم ڈائریکٹروں نے سب کو رد کر دیا۔ مجھ میں قابلیت ہے غیر معمولی قابلیت ۔ کیا نہیں کر سکتا میں اپنی جنبشِ قلم سے دنیا میں ہلچل مچا سکتا ہوں ۔ مگر آہ مجھے موقعہ نہیں ملا

پھر میں کس طرح فائدہ اٹھا سکتا ہوں۔ جب ان ظالموں کے گروہ نے میری کہانیوں کو ٹھکرانے کی سازش کر رکھی ہے۔
کیا آپ میری نظم یا کہانی سننا گوارہ کریں گے۔

فرحت۔ بہت افسوس ہے میرے پاس وقت نہیں ہے۔

شاطر۔ یہ تو میں جانتا ہوں۔ بہر حال میں آپ کو مجبور نہیں کرتا ـــــ ہاں تو میں یہ عرض کر رہا تھا کہ مجھے بے کاری اور بے روزگاری نے اتنا مجبور کر دیا۔ کہ میں اپنے کئی عزیزوں اور دوستوں کے پاس گیا مگر بگڑی میں کون کسی کا ہوتا ہے۔ ہر جگہ سے میں ناکام اور نامراد واپس آیا۔ کل سے اب تک مجھے کہتے بھی شرم آتی ہے مگر کہنا پڑتا ہے کہ مجھے کھانے کے لئے چنے تک بھی میسر نہ آسکے۔ سمجھ میں نہیں آتا میں کہاں جاؤں۔ کیا کروں؟

(فرحت بٹوہ میں سے دو روپے نکالتے ہوئے شاطر کو پیش کرتے ہوئے)

فرحت۔ مجھے افسوس ہے کہ آپ اس قدر تکلیف میں ہیں۔ میں آپ کی کچھ تو خدمت کر سکتا ہوں۔ یہ .... قبول فرمالیجئے۔

شاطر (زبردستی ہنستے ہوئے) اوہ۔ آپ مجھے بھکاری .... دو روپے.... اُف .... شاطر فریدی ایک بھکاری ....

فرحت۔ نہیں یہ بات نہیں ہے۔

شاطر۔ آہ ایک شریف غیرت مند انسان آپ کا ہم پیشہ بھائی جو آپ کے در پر اپنی بپتا لے کر آیا ہے آپ نے اس کی یہ قدر کی۔ دو روپے کی بھیک۔ یہ قسمت اس سے زیادہ توہین نہیں ہو سکتی۔ آپ نے میرے وقار کو زبردست

ٹھیس لگائی ہے۔

(شاطر بیگ کھول کر اس میں سے پستول نکالتا ہے۔

فرحت۔ (گھبرا کر) ہیں یہ کیا پستول ؟

شاطر۔ (دھمکا کر) خاموش رہیئے ذرا

فرحت۔ (ڈرتے ہوئے) مگر میرے پیارے دوست تم کیا چاہتے ہو ؟

شاطر۔ میں آپ کو بتائے دیتا ہوں کہ آپ نے ذرا حرکت کی گھنٹی بجائی یا کسی کو بلایا تو میں فوراً پستول چلا دوں گا۔ سنا آپ نے ؟

فرحت۔ مگر کیوں ؟

شاطر۔ ایک منٹ میں آپ کو بتائے دیتا ہوں۔ ذرا میں آپ کے دروازہ کا کھٹکا لگا لوں۔

(کھٹکا لگانے کی آواز)

اچھا آپ قطعی نہ گھبرائیں۔ آپ کسی طرح کے خطرہ میں نہیں ہیں۔ نہ میں کوئی لیٹرا ہوں اور نہ قاتل۔ اس پستول کا نشانہ تو بس ایک آدمی بنے گا۔

فرحت۔ یعنی آپ کا مطلب۔

شاطر۔ آپ گھبرائیں نہیں۔ وہ میں ہوں۔

فرحت۔ (خوف زدہ ہو کر) کیا آپ خودکشی کرنا چاہتے ہیں ؟

شاطر۔ ہاں۔

فرحت۔ خودکشی، میں اس کی اجازت نہیں دے سکتا۔ ارے او مجتبا۔

شاطر۔ (ڈانٹتے ہوئے) خبردار اگر آپ نے ذرا آواز نکالی تو میں گولی چلا دوں گا اب مجھے میرے ارادے سے کوئی باز نہیں رکھ سکتا۔

فرحت۔ کیا آپ میرے پاس اس لئے تشریف لائے ہیں کہ میری موجودگی میں خودکشی کریں۔

شاطر۔ جی ہاں۔ بالکل اسی ارادے سے۔

فرحت۔ مگر اس سے نتیجہ ....؟

شاطر۔ نتیجہ سمجھیئے۔ مجھے شہرت کی تلاش ہے۔ شہرت حاصل کرنے کے لئے میں نے گھر بار چھوڑا دن رات بھوکے پیاسے رہ کر محنت کی مگر شہرت حاصل نہ ہوئی۔ اب یہ میرے لئے آخری موقع ہے کہ میں ہندوستان کے شاعر اعظم کے سامنے اپنی زندگی کی آخری گھڑیاں ختم کر دوں آپ کے بڑے نام کے ساتھ میرا چھوٹا نام بھی بڑا ہو جائے گا۔

فرحت۔ مگر شہرت کی اتنی بڑی قیمت؟

شاطر۔ میں حقیر جان کے معاوضہ میں اسے پالوں تو غنیمت ہے جان قربان ہو جائے لیکن شہرت جس قیمت پر حاصل ہو، میرے لئے سستی ہے۔

فرحت۔ بھلے آدمی اس سے کیا فائدہ۔

شاطر۔ زندگی گنوانا بے کار نہیں ہے۔ شام کو لوگ میری موت کے متعلق باتیں کریں گے کل میرے ناچیز مسودے پڑھے جائیں گے۔ پرسوں اخبارات میں چھپیں گے پھر نقاد میرے مضامین کو سراہیں گے۔ اور میں کافی مشہور ہو جاؤں گا۔ پھر لوگ میری نظموں کی قدر کریں گے۔ میری کہانیوں کو ڈھونڈیں گے۔

فرحت۔ آپ کو اپنے پسماندگان کا خیال کرنا چاہیئے۔

شاطر۔ کون میرے والد بزرگوار جنہوں نے مجھے عاق کر دیا میرے بھائی اور رشتہ دار جنہوں نے اپنے دروازے میرے لئے بند کر دیئے مجھے ان کی کوئی پرواہ نہیں ہے

فرحت ۔ اور تمہاری بیوی۔

شاطر ۔ اس دنیا میں میرا کوئی نہیں ۔اب میں کس کے لئے جیوں اور جی کر کیا کروں گا۔

فرحت ۔ ابھی تم جوان ہو۔

شاطر ۔ جوان ؟ میں جوان نہیں ہوں ۔

فرحت ۔ (جوش میں آکر) نادان دوست ۔تم جوان ہو تندرست ہو۔ کوئی بیمار نہیں ہو۔

شاطر ۔ مفلسی سب سے بڑی بیماری ہے ۔

فرحت ۔ اس کا علاج ہو سکتا ہے ۔اگر تم شاعری چھوڑ دو اور کام کی باتیں کرو۔

شاطر ۔ نہیں ۔شاعری ۔میری شہرت کو چار چاند لگا سکتی تھی ۔ مگر موقعہ ۔ آہ موقعہ۔

فرحت ۔ اگر تم میں قوت ارادی ہے تو سب کچھ کر سکتے ہو۔ مستقبل تمہارے سامنے ہے۔

شاطر ۔ مستقبل (ہاہاہا) میں اپنے مستقبل کو ہی ذرا دیر میں شاندار بنا دوں گا۔
یہ چھوٹا سا پستول ہی مجھے زندگی کے سارے جھمیلوں سے نجات دلا سکتا ہے اور یہی میرے مستقبل کو زریں بنائے گا۔ یہ ننھا سا خوب صورت کھلونا بہت بے ضرر چیز ہے ۔بہت ہی عجیب چیز ہے ۔ مجھے ساری ناکامیوں سے دم بھر میں چھڑانے والا . . . . ایک لاجواب آلہ ۔میں نے اپنا سارا بچا کھچا اثاثہ صرف کر کے اب اس پستول کو اپنی کائنات بنایا ہے ۔یہی میرا مرکز حیات ہے ۔یہ یورپ کی بہترین ایجاد ہے ۔آج تک اس کے مقابلہ کا دوسرا پستول نہیں بن سکا سات فیر ۔لگاتار سات فیر آپ جیسے خوش نصیب کے پاس ہوتا تو اندھیری راتوں اور خطرناک راستوں میں آپ کی حفاظت کرتا مگر اب ان باتوں سے کیا فائدہ آپ کو دیر ہو رہی ہے ۔میں اپنا کام ختم کر لوں۔

فرحت ۔ اچھا۔ ٹھہرئیے ۔ دیکھئے ۔ ایک تجویز سمجھ میں آئی ہے مجھے آپ کے احساسات کا پورا اندازہ ہے ۔ مجھے آپ کی ۔ آن بہت پسند آئی ۔ مجھے تسلیم ہے کہ آپ امداد قبول نہیں کر سکتے لیکن آپ کو اپنی کوئی چیز فروخت کرنے میں تو کوئی عار نہیں ہوگا۔

شاطر ۔ (جھجکتے ہوئے) ہوں۔

فرحت ۔ ہاں ۔ یہ تو گویا اس طرح آپ اپنی چیز فروخت کر رہے ہیں اُس سے آپ کی آبرو کو ٹھیس نہیں لگتی۔ اور اس سے آپ چاہیں تو اپنا کلام چھپوا کر شہرت بھی حاصل کر سکتے ہیں۔

شاطر ۔ یہ آپ نے ایک امید کی جھلک ضرور دکھائی مگر۔

فرحت ۔ مگر کیا؟ آئندہ کا بھی خدا مالک ہے ۔ اتنے عرصے میں کوئی نہ کوئی صورت پیدا ہو جائے گی ۔

شاطر ۔ میرا مقدر کہاں صورتیں پیدا ہونے دیتا ہے ۔

فرحت ۔ مقدر ۔ مقدر کو بُرا نہ کہنا چاہئے ۔ اور مقدر کو پلٹا کھاتے ہوئے دیر کتنی لگتی ہے ۔ تم نے شاید کبھی غور نہیں کیا کہ دنیا کے بڑے آدمیوں میں سے ہر ایک کی ابتدائی زندگی بہت کٹھن گزری ہے ۔

شاطر ۔ ہاں ۔ یہ تو ٹھیک ہے ۔ لیکن ۔

فرحت ۔ لیکن ویکن اب کچھ نہیں ۔ بہت ممکن ہے کہ یہیں سے آپ کی زندگی کی دھارا اپنا رُخ بدل دے اور آج ہی سے آپ کے دن پھر جائیں۔

شاطر ۔ میں دنیا سے مایوس ہو کر اپنی جان دینے کے لئے یہاں آیا تھا۔

آپ نے مجھے ایک نیا رُخ دکھا کر میرے پختہ ارادے کے قدم لڑکھڑا دئے۔

فرحت۔ جھجکنے کی کوئی بات نہیں ہے۔ پستول مجھے دے دو۔ اور تین سو روپے قبول کر لو۔ اور جب ضرورت پڑے۔ پستول خرید لینا۔

(نوٹ گن کر دینے کی آواز)

شاطر۔ آپ نے بہت ہی کرم فرمایا۔ میں آپ کا شکریہ نہیں ادا کر سکتا۔ مجھے بہت شرم محسوس ہو رہی ہے۔

فرحت۔ نہیں کوئی بات نہیں اچھا خدا حافظ۔

شاطر۔ خدا حافظ (شاطر کواڑ کا کھٹکا کھول کر باہر چلا جاتا ہے)

فرحت۔ (اپنے آپ سے) توبہ۔ توبہ عجیب آدمی ہے۔ مجھے تو پیچھا چھڑانا مشکل ہو گیا۔ عجیب آفت میں پھنس گیا تھا۔۔۔۔ گیا نا وہ۔ ہاں گیا توبہ توبہ ادھر ہوش سخت ناراض ہو رہے ہوں گے۔ بہت دیر ہو گئی۔ جلدی چلنا چاہیئے۔ کہیں انتظار کر کے وہ چلے نہ جائیں

دوسرا منظر

ہوش صاحب اپنے آفس کے مختصر سے کمرے میں بیٹھے ہوئے بار بار کھڑکی کو دیکھ رہے ہیں کبھی کوئی اخبار اٹھا کر دیکھتے ہیں۔ کبھی کسی رسالے کے ورق اُلٹ پلٹ کر رسالہ کو پھینک دیتے ہیں۔ ان کے کان دروازے کی طرف لگے ہوئے ہیں۔ (باہر سے کسی کے آنے کی آواز آتی ہے)

ہوش۔ شاید آ گئے۔ فرحت صاحب۔

فرحت ۔ (اندر گھستے ہوئے) میں حاضر ہوگیا۔ ہوش صاحب معاف کیجئے۔
ہوش ۔ آج تو آپ نے کمال کر دیا۔ بندۂ خدا اتنی دیر!
فرحت ۔ ہاں بھائی کیا بتاؤں۔ کس آفت میں پھنس گیا تھا۔ شاید زندگی میں ایسے نازک حالات سے کبھی واسطہ نہیں پڑا تھا۔
ہوش ۔ کیوں خیر تو ہے۔ ارے واقعی تم تو بہت گھبرائے ہوئے معلوم ہوتے ہو۔ چہرے کا رنگ اڑا ہوا ہے۔ ہاتھ میں لرزش ہے۔ پاؤں ڈگمگا رہے ہیں۔ پیشانی پر پسینہ آخر بات کیا ہے۔
فرحت ۔ ٹریجڈی.... اُف ٹریجڈی۔
ہوش ۔ کچھ بتاؤ تو سہی۔ کیسی ٹریجڈی۔ کس کی ٹریجڈی۔
فرحت ۔ ابھی میرے ہاں ایک نوجوان آیا۔ بے چارہ تباہ حال اور بے روزگاری کا ستایا ہوا تھا۔ میری موجودگی میں خودکشی کرنا چاہتا تھا۔ میں نے اس کی امداد کرنی چاہی مگر اس کی غیرت نے میرے روپے قبول کرنے گوارا نہ کئے۔ میں نے ہر چند سمجھایا۔ مگر نہ کسی طرح آمادہ نہ ہوا۔ وہ اپنے کو پستول کا نشانہ بنانے والا ہی تھا کہ اچانک میرے دماغ میں ایک اچھی تجویز آئی۔
ہوش ۔ (مداخلت کرتے ہوئے) اور آپ نے اس کا پستول خرید لیا۔
آپ کو کیسے معلوم ہوا؟
ہوش ۔ میرے ایک دوست کے ساتھ بھی ایسا ہی واقعہ ہو چکا ہے
فرحت ۔ اچھا! ایسا ہی واقعہ؟
ہوش ۔ ہاں بالکل ایسا ہی واقعہ پیش آیا تھا۔

فرحت ۔ میں ابھی پولیس کو اطلاع کرتا ہوں ۔

ہوشس ۔ کس کے متعلق ؟ اس کے متعلق کہ اس نے آپ کی امداد قبول نہیں کی اور آپ نے اُسے ترغیب دلا کر اس کا پستول خرید لیا ۔ تگنی قیمت پر میرے عزیز دوست تعزیرات ہند میں اس جرم کے لئے کوئی سزا نہیں اور آپ اس واقعہ کو اس روشنی میں کیوں دیکھتے ہیں ۔

فرحت ۔ اگر میری جگہ آپ ہوتے تب میں دیکھتا کہ آپ کیسے برہم نہ ہوتے ۔

ہوشس ۔ حقیقت یہ ہے کہ یہ برہم ہونے کی بات نہیں ہے ۔ لطف لینے کی بات ہے ۔ اس کی اُپج کی داد نہیں دی جا سکتی بالکل اچھوتی چال ہے خوب سوجھی ۔ یہ جدت ہر ایک کے بس کی نہیں ۔

فرحت ۔ اس لئے کہ اس نے آپ کو نہیں لوٹا ۔

(کسی کے اندر آنے کی آواز آتی ہے)

فرحت ۔ حضور ایک نوجوان آپ سے ملنا چاہتے ہیں ۔

کیا نام ہے ؟

رحیما ۔ حضور انہوں نے اپنا نام شاطر ۔ ۔ ۔ ۔ شاطر فرید ــــــ نہیں نہیں شاطر فریدی بتایا ہے ۔ کام ضروری بتاتے ہیں ۔

فرحت ۔ شاطر فریدی ۔ ارے یہ تو وہی شخص ہے ۔ اب یہاں کیسے آیا ۔

ہوشس ۔ ٹھیرو ۔ ذرا ۔ دیکھتے جاؤ ۔ رحیما اُن کو بھیج دو ۔ اچھا فرحت اب تم اِدھر بازو کے کمرے میں چلے جاؤ ۔

(رحیما جاتا ہے)

(فرحت جلدی سے برابر کے کمرے میں چلے جاتے ہیں)

(شاطر اندر آتا ہے)

شاطر ۔ آداب عرض ہے جناب ۔

ہوش ۔ آداب عرض ہے ۔ آیئے تشریف رکھئے ۔ فرمایئے کیسے تشریف آوری ہوئی ؟

شاطر ۔ ایک عرصہ سے آپ سے ملنے کا اشتیاق تھا ۔ معلوم ہوا تھا کہ جہاں قدرت نے آپ کو اور بہت سے اوصاف دئے ہیں وہاں خوش اخلاقی کی دولت سے بھی مالا مال کیا ہے جن حالات میں میں اس وقت حاضر ہوا ہوں وہ بہت ہی المناک ہیں ۔

ہوش ۔ تشریف رکھئے ۔ میں کچھ زیادہ جلدی میں نہیں ہوں ۔ اطمینان سے ساری داستان سنا ڈالئے ۔

شاطر ۔ شکریہ ۔ میری کہانی یہ ہے کہ میں ایک قدیم معزز زمیندار خاندان کا ایک فرد ہوں مجھے بچپن ہی سے ....

ہوش ۔ جی آپ فرمائے جایئے ۔ میں غور سے سن رہا ہوں ۔

شاطر ۔ مجھے بچپن ہی سے کھیتی باڑی کے کام سے ازحد نفرت تھی ۔

ہوش ۔ ایسی ہی مجھے بھی نفرت ہے ۔ اور یہ کام بھی تو ایسا ہی ہے ۔

شاطر ۔ مجھے شہرت حاصل کرنے کا شوق تھا ۔ میں نے ادب و شاعری کا مطالعہ شروع کر دیا ۔ میری تمنا تھی کہ میں ٹیگور بن جاؤں ۔ میری آرزو تھی کہ میں اقبال کہلاؤں ۔ میری حسرت تھی کہ میں ہوش پریمی جیسا بے نظیر افسانہ نگار مانا جاؤں میرے والد کو ادب و شاعری سے سخت نفرت تھی انہوں نے مجھے

شاعری سے منع کیا اور میرے انکار کرنے پر مجھے گھر سے نکال دیا اور میں
خاک چھانتا ہوا ٹھوکریں کھاتا ہوا دہلی چلا آیا۔
ہوش ۔ یہ تو آپ نے بہت ہی اچھا کیا ۔ جی پھر کیا ہوا۔
شاطر۔ میں نے ملازمت حاصل کرنے کے لئے تین سال تک جدوجہد کی
مگر.... .... آج کل ملازمت کہاں صاحب ۔
ہوش ۔ تو اب آپ پریشانیوں سے تنگ آ گئے ہوں گے جی ؟
شاطر۔ کل سے اب تک مجھے کھانے کے لئے چنے تک میسّر نہ آسکے۔
ہوش۔ او ہو تو آپ اس قدر بھوکے ہیں۔ تو یہ لے لیجئے۔
شاطر۔ آپ مجھے ایک روپیہ دے رہے ہیں۔
ہوش۔ جی نہیں یہ تو اٹھنّی ہے ۔
شاطر۔ اٹھ آنہ۔ شاطر فریدی کو ایک بھکاری ۔ آہ ایک شریف غیرت مند انسان
آپ کا ہم پیشہ بھائی جو آپ کے در پر اپنی بپتا لے کر آیا آپ نے اس کی خوب
قدر کی آپ نے اس کی جھولی میں بھیک کا ٹکڑا ڈال دیا۔
(برہم ہو کر) نہیں ۔ اس سے زیادہ توہین نہیں کی جاسکتی ۔
(شاطر اپنے بیگ میں سے پستول نکالتا ہے)
ہوش ۔ پستول ۔ یہ آپ کیا کر رہے ہیں ؟
شاطر ۔ میں آپ کی موجودگی میں اپنی زندگی کا خاتمہ کر رہا ہوں ۔
ہوش۔ کیا خودکشی کا ارادہ ہے ؟
شاطر ۔ بالکل۔

ہوش ۔ یعنی پختہ ارادہ ۔

شاطر بے شک اس ذلیل زندگی سے چھٹکارا پانے کا اس سے بڑھ کر اور کیا موقعہ ہو گا۔

ہوش ۔ بے شک ۔ بالکل حق بجانب معلوم ہوتے ہیں ۔ خودکشی کیجئے ۔ میرے دوست بہت نیک ارادہ ہے ؟

شاطر ۔ تو آپ میرے اس فعل پر صاد کرتے ہیں ۔

ہوش ۔ بالکل ۔ میں آپ کی اس کام میں پوری مدد کروں گا ۔ کیونکہ آپ ایک عزم راسخ اور ایک جرأت مستقل کے مالک معلوم ہوتے ہیں جو کسی کی امداد قبول نہیں کرتے اور مرجانا بہتر سمجھتے ہیں ۔ شاباش اگر میں آپ کو پانچ روپے یا پچاس روپے دے دیتا اور آپ اس کو قبول کر لیتے تو آپ کی ہمت بلند نہ سمجھی جاتی ۔ اور اس میں پورا کبھی نہیں پڑ سکتا تھا ۔ کل آپ کو بھی کرنا ہوتا یا شعرا، ادیب، ڈرامہ نویس، افسانہ نگار سب کے سب تمام زندگی انہی پریشانیوں میں مبتلا رہتے ہیں ۔۔۔۔ مثال کے طور پر میری زندگی کو لے لیجیے ۔ آپ یہ سمجھتے ہیں اور آپ کیا دنیا یہ سمجھتی ہے کہ میں بہت خوش نصیب ہوں ۔ اپنے پیشہ میں کامیاب ترین انسان ہوں ۔ مگر کوئی میرے دل سے پوچھے کہ اس پر کیا بیت تی ہے ۔ ہر روز صبح اُٹھتے ہی مجھے سہم سا چڑھ جاتا ہے ۔ کہ وہ کہانی پوری کرنی ہے ۔ وہ ڈراما دینا ہے ۔ اس کی تاریخ سر پر آ گئی ہے ۔ اس ڈرامے کا مکالمہ (ڈائیلاگ) مکمل نہیں ہوئے ۔ نقاد کیا تبصرہ کریں گے ؟ پبلک پسند کرے گی یا نہ کرے گی غرض ایک جان ہزاروں

جھگڑے اور ان سب جھگڑوں اور جھمیلوں سے نجات ملنے کے بعد نئی زندگی کیسی خوشی کیسی مسرت سے لبریز زندگی ہوگی۔ آہ تمہاری بدولت میں بھی دنیا اور اس کے جھمیلوں سے ختم نہ ہونے والے جھمیلوں سے نجات پالوں گا۔

شاطر۔ آپ؟ میری بدولت ۔۔۔۔؟

ہوش۔ ہاں میں کئی مہینے سے سوچ رہا ہوں کہ اپنی زندگی کا خاتمہ کرلوں۔ مگر ہمت یارا نہیں دیتی۔ اب میں تامل نہ کروں گا۔ تمہاری جرأت مجھے حوصلہ دے گی اور تمہارے بعد میں بھی اپنی زندگی کا خاتمہ آسانی کے ساتھ کرلوں گا۔ دوست میں تمہارا بہت ممنوں ہوں۔ پہلے تم اپنے گولی مارو پھر میں اپنے گولی مارلوں گا۔

(شاطر جھجکتا ہوا پیچھے قدم ہٹاتا ہے)

ہوش۔ میرے دوست یہیں کھڑے رہو پیچھے نہ ہٹو۔ تم دری پر گروگے۔

شاطر۔ (جھجکتے ہوئے) مگر۔

ہوش۔ اچھا تم بیٹھ کر اپنے گولی مارنا چاہتے ہو۔ آؤ میری کرسی پر بیٹھ جاؤ۔ بے شک اس میں ذرا آرام ملے گا۔ سر پر نشانہ لگانے کا خیال ہے۔

شاطر۔ ہاں۔

ہوش۔ لیکن نشانہ لگانے کے لئے سب سے بہتر جگہ دل ہے۔ دل کا نشانہ خطا نہیں ہوسکتا۔

شاطر۔ مگر میں یہ کہہ رہا تھا

ہوش۔ میرے دوست تم مجھے موقعہ نہ دو کہ میں تم پر کسی طرح کا اثر ڈالوں

جو کچھ ہونا ہے وہ مجھے دکھائی دے رہا ہے۔ میں دیکھ رہا ہوں کہ تمہارا دل خون اُگل رہا ہے۔ میری خوشی کی انتہا نہیں رہتی جب میں تصوّر کرتا ہوں کہ تم نے اپنی انگلی سے پستول کی لب لبی دبائی اور تمہاری تمام مصیبتوں کا خاتمہ ہوگیا (نہایت دردناک انداز) آہ وہ منظر کس قدر عجیب منظر ہوگا۔ جب ہم دونوں کی لاشیں برابر پڑی ہوئی خون تھوک رہی ہونگی اور ہمارے چہروں پر مسکراہٹ لازوال مسکراہٹ کھیل رہی ہوگی ہم آزاد ہوں گے بالکل آزاد۔ اب میں اس مسرت بخش لمحہ کا زیادہ انتظار نہیں کرسکتا۔ جلدی کرو۔ میرے دوست جلدی کرو۔ گولی چلاؤ۔

شاطر۔ (جھجکتے جھجکتے) مجھے حق نہیں ہے۔

ہوش۔ کیوں۔ کیسے حق نہیں ہے۔

شاطر۔ میں خودکشی کرسکتا ہوں۔ لیکن آپ کو خودکشی پر آمادہ نہیں کرسکتا۔ یہ قتل ہے قتل۔

ہوش۔ اچھا۔ پھر اپنا پستول مجھے دے دو۔ میں تمہارے گولی مارتا ہوں پھر ــــــ

شاطر۔ مجھے معاف کیجئے گا۔

ہوش۔ کیوں۔ گھبرا گئے۔

شاطر۔ نہیں میں آپ کے سامنے خودکشی کرکے آپ کے لئے مثال نہیں پیش کرسکتا۔ ورنہ آپ کے خون کا عذاب بھی میرے سر پر رہے گا۔

ہوش۔ میری وجہ سے آپ اپنا ارادہ بدل رہے ہیں؟

شاطر۔ ہاں۔

ہوش۔ بہت اچھا۔ آپ خودکشی کیجئے۔ میں اس قربانی کے لئے بھی آمادہ ہوں کہ میں آپ کی تقلید نہ کروں۔ اور زندہ رہوں۔

شاطر۔ آپ کا یہ وعدہ پختہ ہے۔

ہوش۔ میں آپ سے قسم کھاتا ہوں۔ آہ۔ تم کیسے خوش نصیب ہو کہ تم اس زندگی سے نجات حاصل کر رہے ہو۔ مجھے تم پر رشک آرہا ہے اچھا دوست خدا حافظ۔

شاطر۔ خدا حافظ۔۔۔۔ (وقفہ)

ہوش۔ کیا آپ ابھی تک زندہ ہیں؟

شاطر۔ ہاں یہ۔۔۔۔

ہوش۔ وقت ضائع نہ کرو۔ جلدی گولی چلاؤ۔

شاطر۔ میرا پستول کام نہیں کرتا۔ اب میں کیا کروں۔

گھبرانے کی کوئی بات نہیں ہے۔ لو یہ میرا پستول لو۔
(فرحت کواڑ کھول کر جلدی سے بھاگا ہوا آتا ہے)

فرحت۔ نہیں، تو یہ میرا پستول لے لیجئے

شاطر۔ (گھبر اکر) اوہ فرحت صاحب۔

ہوش۔ ہاں شاطر صاحب پستول بہت سے مل جائیں گے دیر نہ کرو جلدی گولی چلاؤ۔

فرحت۔ ہاں جلدی گولی چلاؤ۔

شاطر۔ (اپنے آپ سے) اوہ یہ تو سارا کھیل بگڑ گیا۔ اب میرا مالک کیا کہے گا؟
ہوش۔ کون مالک؟
شاطر۔ جس کے یہ پستول ہیں۔
فرحت۔ اوہ۔ اب سمجھ میں آیا۔ وہ آپ کو لوگوں کے پاس بھیجتا ہے کہ آپ خودکشی کرنے کی دھمکی دے کر پستول فروخت کریں۔
شاطر۔ جی حضور۔
فرحت۔ تمہارا مالک بہت ہوشیار آدمی ہے۔
شاطر۔ آئیڈیا۔ اس کا نہیں ہے میرا ہے۔
ہوش۔ تمہارا۔ میں مبارکباد دیتا ہوں۔ زندہ باد پستول فروش۔
شاطر۔ معاف کیجئے گا میں ایک اداکار ہوں۔
فرحت۔ اداکار۔ ایکٹر۔
شاطر۔ ہاں بے کار تھا۔ یہ سلسلہ شروع کیا۔ دو تین پستول روزانہ، اس طرح بیچ دیتا ہوں۔
ہوش۔ میں سمجھ چکا تھا کہ یہ سب کچھ اس کی اداکاری ہے کیا خوب۔
شاطر۔ فرحت صاحب۔ آپ مجھے معاف کیجئے۔ میں نے آپ کو دھوکا دیا مگر مجبوری۔
ہوش۔ آپ نے تو تجارت کی صاحب۔ یہ ان کی عقل کہ آ گئے چال میں۔
شاطر۔ جی میں بہت شرمندہ ہوں۔ معاف کیجئے۔
فرحت۔ میں آپ کی اس لاجواب اداکاری کی داد دیتا ہوں کہ آپ نے مجھے

بے وقوف بنا کر اس طرح کام نکالا۔

ہوش ۔ اور خاکسار اپنی اور شاہ فریدی صاحب دونوں کی لیاقت کی داد دیتا ہے۔

(قہقہوں میں ڈرامہ ختم ہو جاتا ہے)

☆☆☆

ہار

افرادِ تمثیل

تہمینہ	ایک کمانڈر کی بیوہ
فرحانہ	اس کی بیٹی
منوچہر	تہمینہ کا بھائی
شہزاد	فرحانہ کا منگیتر
جہاں گیر	ایک رئیس
رانشش	ایک مشہور لٹیرا
صنوبر	نوکر

پہلا منظر

پونا کے قریب ایک گاؤں میں مغربی وضع کا ایک مختصر سا مکان ہے شام کا وقت ہے لیمپ جل رہا ہے۔ فرحانہ میز پر چائے کے برتن قرینے سے رکھ رہی ہے اور اپنے نوکر صنوبر سے آہستہ آہستہ کچھ باتیں بھی کر رہی ہے۔

فرحانہ۔ صنوبر اچھی طرح یاد رکھنا کہ ہمیں کیا کرنا ہے۔

صنوبر۔ آپ بالکل بے فکر رہیں۔ میں کسی کام میں غفلت نہیں کروں گا۔

فرحانہ۔ پیچھے والا دروازہ کھلا رکھوگے یا اس وقت کھولوگے۔ کبھی ماموں کو شبہہ نہ ہو جائے۔ ابھی سے کھلا رکھنا بہتر ہوگا۔

صنوبر۔ آپ کو کیا معلوم کہ وہ اب بھی گھر میں موجود ہیں۔

فرحانہ۔ کیا! یہ تو ٹھیک نہیں ہے۔ ماموں کو ضرور معلوم ہو جائے گا۔ وہ رات کو گھر کا کونہ کونہ دیکھے بغیر نہیں سوتے۔ اُن سے کہہ دو کہ ابھی وہ چلے جائیں۔

صنوبر۔ ماموں سونے کے وقت سے پہلے گھر کو نہیں دیکھتے اور اس وقت تک سب کام پورا ہو چکے گا۔

فرحانہ۔ مگر خطرہ میں جانا ٹھیک نہیں ہے۔

صنوبر۔ آپ فکر نہ کریں۔ سب میرے اوپر چھوڑ دیں۔

فرحانہ ۔ صنوبر تم تو بہت ہی سمجھ دار لڑکے ہو۔

صنوبر ۔ ہاں ۔ مگر اماں کو معلوم ہو جائے تو وہ زندہ نہیں چھوڑیں گی۔

فرحانہ ۔ نہیں یہ بات نہیں ہے ۔ اماں کا ارادہ تو شہزاد کے ساتھ شادی کرنے کا تھا اور اب بھی ہے ۔ یہ تو سب ماموں کی کارستانی ہے ۔ انہوں نے ہی اماں کو ورغلا دیا ہے ۔

صنوبر ۔ ہاں ٹھیک ہے ۔ مگر اب ہمیں ان باتوں میں وقت نہیں ضائع کرنا چاہیے

فرحانہ ۔ ہاں مگر تمہیں ایسی چیخ مارنی ہے کہ سب کے دل دہل جائیں ۔

صنوبر ۔ ایسی چیخ جس سے آپ کی ماں یہ سمجھیں کہ گھر میں ایک ڈاکو نہیں ۔ بیسیوں بھوت گھس آئے ہیں ۔

فرحانہ ۔ (ہنستے ہوئے) ہے تو یہ بہت بری بات مگر کیا کیا جائے اس کے بغیر چارہ ہی نہیں ہے ۔

(کسی کے قدموں کی آہٹ ہوتی ہے)

فرحانہ ۔ امی اِدھر آرہی ہیں ـــــ شاید ـــــ مگر نہیں ماموں کے کمرے میں گئی ہیں۔

صنوبر ۔ ہاں ! مگر آتی ہی ہوں گی یہاں ـــــ

فرحانہ ۔ ہاں تم جلدی سے چلے جاؤ ۔ اور جس وقت میں آواز دوں صنوبر چائے لے آؤ تو تم اچھا کہنا اور پھر ہمارا تماشہ شروع ہو جائے گا ۔ اچھا جلدی جاؤ ۔ امی آرہی ہیں ۔

(صنوبر کے دوڑ کر جانے کی آواز آتی ہے) (کواڑ کھلنے کی آواز آتی ہے)

(تہمینہ کے آنے کی آواز اور کرسی پر بیٹھنے کی آواز)

تہمینہ ۔ بیٹی فرحانہ آج اب تک تم نے مونہہ ہاتھ نہیں دھویا۔ جاؤ جلدی سے مونہہ ہاتھ دھو کر ساری بدل لو۔ وہ آتے ہی ہوں گے ۔

فرحانہ ۔ کون امی ۔

تہمینہ ۔ جہانگیر صبح تو تمہارے ماموں نے کہا تھا کہ خان بہادر جہانگیر جی شام کو ہمارے ساتھ ہی چائے پئیں گے ۔

فرحانہ ۔ آئیں گے تو کیا ہے ۔ کپڑے بدلنے کی کیا ضرورت ہے ؟

تہمینہ ۔ نہیں بیٹا! وہ کہیں گے کہ لڑکی ایسی گدھ پھٹری ہے کہ کپڑے بھی صاف نہیں رکھتی ۔

فرحانہ ۔ پھر کیا ہے ۔ اس میں ان کا کیا حرج ہے ۔

تہمینہ ۔ نہیں چاند وہ تجھ سے بہت محبت کرتے ہیں ۔

فرحانہ ۔ ہونہہ۔

تہمینہ ۔ بہت بڑے رئیس ہیں اچھا ہے ۔ اگر تیری شادی ان کے ساتھ ہو جائے

فرحانہ ۔ امی تمہیں کیا ہو گیا ہے ، ماموں نے تو تمہارے خیالات بالکل ہی بدل دیئے

تہمینہ ۔ ہاں بیٹا۔ تیرے ماموں نے دنیا دیکھی ہے ۔ وہ جو کچھ کر رہے ہیں ۔ تمہارے بھلے کے لئے کر رہے ہیں ۔

فرحانہ ۔ مجھے ایسی بھلائی اچھی نہیں معلوم ہوتی ۔

تہمینہ ۔ فرحانہ چاند تم ابھی بچی ہو۔ تم نہیں سمجھتیں کہ شہزاد کے بجائے جہانگیر سے تمہاری شادی ہونے میں تمہارا کتنا فائدہ ہے ۔ کچھ دن بعد تم

خود ان کا احسان مانوں گی۔

فرحانہ۔ پیسے کے لئے ایک بڈھے کے پلّے باندھ کر وہ میری بھلائی کر رہے ہیں؟

تہمینہ۔ جہانگیر بڈھے تو نہیں ہیں زیادہ سے زیادہ ۳۶،۳۵ برس کی عمر ہوگی اور یہی نہیں کہ وہ پیسے والے ہیں بلکہ وہ تمہیں خوش رکھ سکیں گے۔

فرحانہ۔ میں شہزاد کے ساتھ بھی خوش رہوں گی۔

تہمینہ۔ شہزاد غریب ہے۔ ہمارے سے بھی زیادہ غریب ہے! پھر وہ تمہیں کیسے خوش رکھ سکے گا۔

فرحانہ۔ میں غریب ہی رہنا چاہتی ہوں۔ امیر بننا نہیں چاہتی۔ میں غریبی میں خوش رہوں گی۔

تہمینہ۔ تمہاری خوشی ہی میرا سب سے بڑا سکھ ہے اور مجھے یقین ہے کہ جہانگیر کے ساتھ تم امیر بھی رہو گی اور خوش بھی۔

فرحانہ۔ آہ امی تم کو ماموں دھوکا دے رہے ہیں۔

(کسی کے آنے کی آواز آ رہی ہے)

تہمینہ۔ وہ ماموں آ رہے ہیں۔ کچھ نہ کہو۔ برا مانیں گے۔

فرحانہ۔ برا مانیں یا ناراض ہوں۔ مگر امی سچی بات تو یہ ہے کہ وہ تمہیں دھوکا دے رہے ہیں۔

منور جی۔ ہیں۔ میں دھوکا دے رہا ہوں۔

تہمینہ۔ بھائی اس سے کچھ نہ کہو وہ بچی ہے۔ ابھی سمجھتی نہیں کہ تم جو کچھ کر رہے ہو اس کی بھلائی کے لئے کر رہے ہو۔

منورجی ۔ خود کو سمجھ نہیں ہوتی تو دوسرے کے سمجھانے سے تو آدمی مان جاتا ہے مگر یہ کسی طرح سمجھتی ہی نہیں

تہمینہ ۔ کچھ حرج نہیں ہے۔ اس کو سوچنے سمجھنے کا اور تھوڑا سا موقعہ دیا جائے پھر مان جائے گی ۔

(کواڑ کھلتا ہے ۔جہانگیر اندر آتا ہے)

تہمینہ ۔ (آہستہ سے) زردہ جہانگیر آ گئے ۔

منورجی ۔ ہیں جہانگیر ! آیئے جناب تشریف لایئے ۔

جہانگیر۔ آداب عرض ہے ۔فرحانہ آداب عرض ہے ۔کہو مزاج تو اچھا ہے ۔

(جہانگیر کھانستا ہے)

منورجی ۔ آپ کی بڑی مہربانی ۔ فرمایئے آپ کے تو مزاج اچھے ہیں ۔

تہمینہ ۔ آپ نے بڑی مہربانی کی ۔

جہانگیر۔ مہربانی کیا میں تو کئی روز سے سوچ رہا تھا کہ آپ کے ہاں حاضر ہوں مگر آنا ہی نہ ہوتا تھا ۔

تہمینہ ۔ ہاں آپ دن بھر مصروف رہتے ہیں ، اور رات کو آج کل اس راکشش کی وجہ سے کون باہر نکل سکتا ہے ۔ مگر آپ کے ساتھ تو نوکر چاکر آئے ہوں گے ۔

جہانگیر ۔ اجی راکشش کی کیا ہمت جو میری طرف آنکھ اٹھا کر بھی دیکھ سکے میرے دو نوکر سرور اور زمردتی اس کے لئے بہت ہیں ۔

تہمینہ ۔ ہاں مگر سنا ہے کہ اس نے پچھلے ہفتہ ، تن تنہا چھ سپاہیوں کو جان سے

مار دیا۔ بہت ہی خوفناک ہے وہ تو۔

جہانگیر۔ مگر وہ ہمارے سامنے کب آسکتا ہے۔

منور جی۔ آپ کی بہادری کی کیا بات ہے۔

جہانگیر۔ مگر آپ لوگوں کو ضرور ڈر لگتا ہوگا۔ آپ کے ہاں نوکر چاکر کم معلوم ہوتے ہیں اگر آپ قبول کریں تو میں اپنے کچھ نوکر آپکے گھر کی حفاظت کے واسطے بھیج دوں۔

تہمینہ۔ شکریہ آپ کا! ہمیں درحقیقت ضرورت ہی نہیں ہے۔

منور جی۔ آپ کی مہربانیوں کا شکریہ نہیں ادا کیا جا سکتا ہے۔

(جہانگیر اپنی جیب سے ایک مخملی بکس نکال کر اس میں سے ایک ہار نکالتا ہے)

جہانگیر۔ پیاری فرحانہ یہ ہار ایک عظیم الشان یادگار کی حیثیت رکھتا ہے۔ اور میرے لئے اتنا قیمتی ہے کہ اگر اس کے بدلے کسی بادشاہ کا تخت ملے تب بھی قبول نہ کروں۔

منور جی۔ بہت خوب۔ یہ تو بہت ہی بیش قیمت معلوم ہوتا ہے۔

تہمینہ۔ کیسی چمک ہے۔ آنکھ نہیں ٹھیرتی۔

جہانگیر۔ اس ہار کی قیمت کا تو کہنا ہی کیا ہے بڑی سے بڑی سلطنت بھی نہیں ادا کر سکتی اور سب سے بڑی بات تو یہ ہے کہ یہ ہار ہمارے خاندان میں سات پشتوں سے چلا آرہا ہے۔ میری والدہ کو دلہن بنتے وقت ملا تھا۔

تہمینہ۔ خوب تو گویا آپ نے اس کو اپنی دلہن کے لئے محفوظ رکھا ہوا تھا۔

جہانگیر۔ ہاں! اور میرا خیال ہے کہ جس کے واسطے میں نے یہ محفوظ رکھا ہوا تھا وہ فرحانہ ہے۔

فرحانہ۔ اچھا اب چلئے پینی چاہئے۔ بہت دیر ہو گئی۔

فرحانہ اٹھ کر دروازہ کے پاس جاتی ہے اور اندر سے چلا کر کہتی ہے۔
صنوبر چائے لاؤ۔

جہانگیر۔ فرحانہ یہ ہار تمہارے گلے میں کیسا خوب صورت معلوم ہوگا۔ اس کی چمک دمک تمہارے حسن کو چار چاند لگا دے گی۔ لو ذرا پہن کر۔

(باہر سے ایک بہت زور کی چیخ کی آواز آتی ہے)

صنوبر (باہر سے) راکشش راکشش۔

(باہر سے چائے کے برتنوں کے گرنے کی آواز آتی ہے۔)

تہمینہ۔ راکشش — ہیں۔ ہیں راکشش ارے بے اب کیا ہوگا۔

منوچہر۔ ہیں راکشش — یہاں آ گیا۔

جہانگیر۔ راکشش؟ کہاں ہے۔

شہزاد۔ (راکشش کے لہجہ میں) یہ حاضر ہے فرمائیے۔

جہانگیر۔ زمرد۔ زمرد (جہانگیر دروازہ کی طرف جاتا ہے)

شہزاد۔ باہر نہ جائیے۔ وہیں کھڑے رہیے جہاں آپ ہیں۔ آپ کا کوئی نوکر یہاں نہیں ہے اور یہ نکلس۔

(شہزاد آگے بڑھتا ہے اور نکلس میز پر سے اٹھاتا ہے)

شہزاد۔ خوب بہت خوب صورت۔

تہمینہ۔ ہم تو بہت غریب آدمی ہیں ہمارے گھر میں کیا رکھا ہے ہاں یہ ہار لینے کے لئے آئے ہو اس کو لے جاؤ۔

شہزاد۔ او ہو اس وقت میرا یہاں آنا آپ کے لئے بہت تکلیف دہ ہے۔

کیوں منورجی مگر میں بھی اس مبارک تقریب پر آپ کو مبارک باد کیوں نہ دوں۔

منورجی۔ مبارک باد ——؟

شہزاد۔ ہاں مبارک ہو آپ کو منورجی —— مال دولت کی خاطر ایک بچپنے کے منگیتر سے چھڑا کر اس لڑکی کو آپ ایک بڈھے کے حوالے کرنے میں کامیاب ہو رہے ہیں —— (خاموشی)

شہزاد۔ (غصے کے ساتھ) کیا یہ منگنی کی رسم ادا نہیں کی جارہی تھی۔ بتاؤ خاموش کیوں ہو۔ تہمینہ تم بتاؤ کہ جو کچھ میں کہہ رہا ہوں وہ صحیح ہے نا ——؟ مجھے جواب دو۔ (گھبراتے ہوئے) کیا —— ہاں —— نہیں

شہزاد۔ جھوٹ مت بولو۔ تہمینہ۔

تہمینہ۔ مگر آپ کو معلوم کیسے ہوا کہ —— کہ۔۔ میں۔

شہزاد۔ مجھے کیسے معلوم ہوا ——؟ ہونہہ۔ ہم ڈاکوؤں کو بہت سی باتوں کا پتہ رہتا ہے مجھے سب معلوم ہے کہ آپ کے بھائی منورجی نے اس شادی کے کرا دینے کا معاوضہ ٹھیرایا ہے اور اب تک یہ کیا لے چکے ہیں۔

منورجی ۔ میں ۔ میں نے۔

جہانگیر۔ آپ کو ان باتوں سے کیا ۔۔۔

شہزاد ۔چپ رہ او احمق گدھے ۔ تہمینہ تم بتاؤ کہ تم ایک بہادر کمانڈر کی بیوہ ہو کر اپنی خوب صورت سمجھدار جوان لڑکی کو اس احمق بڈھے کے ہاتھ

بیچنے کے لئے کیسے تیار ہو گئیں۔

تہمینہ۔ (رنجیدہ ہو کر) میرا کچھ قصور نہیں ہے۔ میں جو کچھ کر رہی تھی اس کی بھلائی کے لئے کر رہی تھی۔ آہ اگر اس کے باپ زندہ ہوتے تو آج یہ بات نہ ہوتی۔

(تہمینہ رونے لگتی ہے)

فرحانہ۔ اماں۔ اماں۔ مت روؤ۔ پیاری اماں گھبراؤ نہیں۔

شہزاد۔ اچھا جب تم دولت کے بدلے اپنی بیٹی کو دے رہی تھیں تو اگر میں اس کی زندگی بچانے کے لئے اس کو اپنے ساتھ لے جاؤں تو تم خیال تو نہ کرو گی؟ فرحانہ کو اس بڈھے سے میں بہت زیادہ آرام کے ساتھ رکھوں گا۔ چلو فرحانہ میرے ساتھ چلو۔

تہمینہ۔ (روتے ہوئے) نہیں۔ نہیں۔ میری فرحانہ کو نہ لے جاؤ — میں نہیں جانے دوں گی۔ ہائے میں کیا کروں گی — اچھی معاف کرو۔

شہزاد۔ تہمینہ۔ گھبراؤ نہیں۔ تمہاری فرحانہ میرے پاس بہت آرام سے رہے گی۔ اس کو کسی قسم کی تکلیف نہ ہوگی — اس زندہ لاش۔ احمق مجھے سے بہت زیادہ میں تمہاری بیٹی کی ناز برداری کروں گا۔

تہمینہ۔ میری بیٹی۔ میری فرحانہ۔ (روتی ہے)

جہانگیر۔ (آگے بڑھتا ہے) زمرد۔ زمرد۔ منورجی ذرا ان حرامزادے غُلاموں کو تو بلاؤ یہ کہاں مر گئے — نمک حرام۔

شہزاد۔ آپ تکلیف نہ کیجئے۔ وہ اب یہاں کہاں —؟

جہانگیر۔ کہاں گئے ـــــ آخر

شہزاد۔ میرے آتے ہی وہ یہاں سے کبھی کے رفوچکر ہو گئے چلو۔ فرحانہ چلو

اچھا تو آپ یہ لیجئے اپنا ہار ـــــ میرے پاس اپنی دلہن کے لئے اس سے زیادہ قیمتی تحفہ ہے میں اس گھر کی سب سے قابلِ قدر دولت کو لینے آیا تھا اور اسے لے کر جا رہا ہوں

(تہمینہ روتی ہے)

شہزاد۔ گھبراؤ نہیں تہمینہ تمہاری بیٹی بہت جلدی واپس آجائیں گی۔ چلو فرحانہ۔

(منورجی اور تہمینہ دونوں روتے ہیں)

شہزاد۔ چلو فرحانہ چلو۔

فرحانہ۔ اماں۔ اماں۔ ارے یہ تو بے ہوش ہوگئیں ـــــ؟

شہزاد۔ کوئی گھبرانے کی بات نہیں ہے۔ ابھی تھوڑی دیر میں ہوش آجائے گا۔ آؤ چلو

(دروازے کی طرف جلتے ہیں)

صنوبر۔ (باہر صنوبر زور سے چلاتا ہے۔ راکشش۔ اصلی راکشش اب کیا ہوگا میری مالکہ۔ (رونے لگتا ہے)

منورجی۔ راکشش اور کوئی

راکشش۔ ہاں اصلی راکشش ـــــ شہزاد تم میری نقل کر رہے تھے نا؟

شہزاد۔ میں تو ـــــ

منورجی۔ شہزاد ـــــ؟

جہانگیر۔ میں شہزاد۔

راکشش ۔ یہ تو سنتے آئے تھے کہ لٹیرے اور ان کے ساتھی بعض اوقات شریفوں کا لباس پہن کر دنیا کو لوٹتے ہیں لیکن یہ نہیں معلوم تھا کہ شریف بھی ڈاکوؤں کا بھیس بدل کر لوٹنے آتے ہیں۔

شہزاد ۔ اچھا اب آپ کیا چاہتے ہیں ـــــ

راکشش ۔ ایک لٹیرے سے یہ سوال ؟ بہت عجیب ہے ۔

تہمینہ ۔ (ہوش میں آتے ہوئے) ہیں شہزاد ـــــ تم ـــــ

شہزاد ۔ ہاں میں ہوں شہزاد۔

تہمینہ ۔ فرحانہ یہ کیا ـــــ ؟

فرحانہ ۔ اماں آپ ابھی تک سمجھی نہیں ـــــ ؟ میں اس بڈھے سے شادی کرنا نہیں چاہتی ۔

راکشش ۔ اچھا اب سمجھ میں آیا۔

شہزاد ۔ غریب عورتیں ڈر رہی ہیں آپ مجھے جلدی بتلائیے کہ آپ کیا چاہتے ہیں ۔ اور یہاں کیوں آئے ہیں ـــــ ؟

راکشش ۔ میرے بہروپیے ۔ میں خود بہتر سمجھتا ہوں کہ میں یہاں کیوں آیا ہوں اور کیا کرنا چاہتا ہوں ۔

شہزاد ۔ کیوں ـــــ ؟

راکشش ۔ کیوں ۔ اب زبان بند کیجئے اور وہیں کھڑے رہیئے ۔

شہزاد ۔ یہاں سے چلے جائیے ورنہ میں پستول ـــــ

راکشش ۔ کیا بکواس (پستول چلنے کی آواز) ہاں دیکھا اب کہاں ہے تمہارا

پستول ؟ زمین پر سے پستول کے ٹکڑے سمیٹ لو۔

شہزاد تم مجھے نہیں جانتے ۔ ورنہ ایسی جرأت نہ کرتے ۔

شہزاد۔ اچھا اب میں پوچھتا ہوں کہ اگر آپ ان غریب عورتوں کا رکھ ڈھکا زیور اور روپیہ لینا چاہتے ہیں تو لے لیں ۔ لیکن اس سے آپ کو کچھ فائدہ نہ ہوگا۔ اور یہ بالکل مفلس ہو جائیں گی ـــ ہاں میرے پاس تھوڑے سے روپے ہیں اگر آپ وعدے کر چلے جائیں تو میں بہت خوشی سے دے سکتا ہوں ۔

(راکشش ہنستا ہے)

شہزاد ۔ روپیہ میز پر پھینکتے ہوئے یہ لیجئے جو کچھ میرے پاس ہے یہ عورتیں بے چاری بہت غریب ہیں ۔

راکشش ۔ آپ کو ان عورتوں کے متعلق معلومات بہم پہنچانے کی ضرورت نہیں ہے میں ان سے اچھی طرح واقف ہوں تہمینہ میں تمہارے خاوند کمانڈر صاحب کو بھی خوب اچھی طرح جانتا ہوں وہ بہت لائق انسان اور بہادر سپاہی تھے

تہمینہ ۔ آپ ان کو جانتے ہیں ؟ تب تو آپ ہمیں قتل کرنے کے لئے نہیں آئے ؟

راکشش ۔ نہیں میں آپ کو کوئی تکلیف نہیں پہنچاؤں گا ۔

تہمینہ ۔ پھر آپ نے یہاں تشریف لانے کی تکلیف کیسے گوارا کی ۔

راکشش ۔ ابھی آپ کو معلوم ہو جائے گا ۔

تہمینہ ۔ مگر آپ ـــ کیا آپ لٹیرے ہیں ؟

راکشش ۔ ہاں مجھے لٹیرا کہا جاتا ہے ۔ اور اگر آپ کی رائے میں وہ شخص بھی

لٹیرا ہے جو اپنی زندگی کو خطرہ میں ڈال کر ان مال داروں سے روپیہ چھینتا ہے جو دوسروں کے مال پر غاصبانہ قبضہ کر لیتے ہیں۔ تو بیشک میں لٹیرا ہوں
جہانگیر۔ مگر آپ نے یہ زندگی کیوں اختیار کی ——؟ اور اپنی جان کو کیوں خطرہ میں ڈالا۔

راکشش۔ یہاں ایک آدمی موجود ہے جو مجھ سے بہتر طریقے سے آپ کو بتا سکتا ہے کہ میں یہ زندگی اختیار کرنے پر کیسے مجبور ہوا۔ آہ —— یہ ہار ——

(میز کے پاس جانے اور ہار اٹھانے کی آواز آتی ہے۔)

جہانگیر۔ اگر آپ یہ ہار لینا چاہتے ہیں تو لے لیں اور یہاں سے تشریف لے جائیں

راکشش۔ ہیروں کا ہار —— اور ایک جوان دلہن۔

جہانگیر۔ میں کہہ رہا ہوں نا کہ آپ اس ہار کو لے لیں۔ اتنی بیش قیمت چیز یہاں اور کوئی نہیں ہے۔

راکشش۔ فرحانہ ذرا اس کو اپنے گلے میں پہننا۔ میں دیکھوں کہ ایک خوب صورت گلے میں اس کے ہیرے کیسے چمکیں گے۔ آؤ۔

فرحانہ۔ —— نہیں —— نہیں۔

راکشش۔ ڈرو نہیں آگے بڑھو —— فرحانہ میں تمہیں کوئی تکلیف نہیں پہنچاؤں گا۔ آؤ —— آئینے کے سامنے آؤ۔ اس ہار کو پہنو —— چلو۔

(فرحانہ کے آگے بڑھنے اور ہار پہننے کی آواز)

راکشش۔ خوب بے داغ جوانی اور بے داغ ہیرے۔ فرحانہ۔ کیا تم اس ہار کو شادی کے تحفہ کے طور پر قبول کروگی۔؟

فرحانہ ۔ میں ـــــ ؟ نہیں ۔ نہیں ۔

راکشش ۔ ابھی اس کو مت اتارو ۔ ابھی نہیں ۔ ٹھیرو ۔ میں تھوڑی دیر اس کو اور دیکھنا چاہتا ہوں ۔ سالہا سال سے میں اس کے دیکھنے کا منتظر ہوں ۔

جہانگیر ۔ تمہیں اس کے متعلق ۔

راکشش ۔ فرحانہ اب اس کو اتار دو ۔ یہ ٹھیک نہیں ہے مگر اس کو یاد رکھو ہمیشہ یاد رکھو یہ کم ہمتی اور بزدلی کو دور کرنے کا ایک جادو ہے ۔

فرحانہ ۔ میں نہیں سمجھی ۔

راکشش ۔ یہ نحس ایک مالا ہے مصیبتوں کی مالا ۔ یہ ہیرے انتقام کی آگ کے دہکتے ہوئے انگارے ہیں ۔ انگارے ۔　(آگے بڑھنے کی آواز)

راکشش ۔ جہانگیر اگر تو نے میری بات کا صحیح صحیح جواب نہ دیا تو تجھے ابھی کتے کی موت مار دوں گا ۔ سنا تو نے ـــــ ؟

جہانگیر ۔ ہاں ۔

راکشش ۔ اس میں تمہاری بہتری ہے ۔ اچھا یہ بتاؤ کہ تمہارا باپ جو غریبوں اور امیروں کا خون چوسنے والا سرمایہ دار تھا ۔ اس نے ایک ایرانی نواب کو جس کی بہت سی جائداد یہاں تھی تباہ کیا تھا ۔ ؟

جہانگیر ۔ میرے باپ کا اُن کے ساتھ کاروبار ....

راکشش ۔ (کرختگی کے ساتھ) صرف اتنا جواب دو ۔ ہاں یا نہیں ۔

جہانگیر ۔ ہاں پر ـــــ مگر ـــــ

راکشش ۔ لالچی کتے خاموش رہ ، بتا کہ یہ ہار اس خاندان کا آخری خزانہ تھا

اور کئی نسلوں سے اُن کے گھرانے میں محفوظ تھا؟

جہانگیر۔ ہاں۔

رانشش۔ اچھا تو تو نے اس نواب کی جوان بیٹی کو اس ہار کے چرانے پر یہ کہہ کر آمادہ کیا تھا نا؟ کہ اس کو بیچنے سے تیرے باپ کی آبرو بچ جائے گی۔

جہانگیر۔ ہاں۔

رانشش۔ پھر جب اس نے تجھے ہار لاکر دے دیا تو تو نے اس کو بیچ کر اس کے باپ کی آبرو بچائی۔؟

جہانگیر۔ (بہت دھیمی آواز میں) نہیں۔

رانشش۔ اس لڑکی کے باپ کو ان مصائب سے نجات دلانے کی ہار کے علاوہ بھی تو نے کوئی قیمت وصول کی۔

جہانگیر۔ ہاں۔

رانشش۔ اور اس کے افشا ہونے پر اس خوب صورت اور بہادر لڑکی کو گھر سے نکلنا پڑا۔

جہانگیر۔ مجھے کیا معلوم۔!

رانشش۔ تو اپنی زندگی سے کھیل رہا ہے۔ میں تجھے بتائے دیتا ہوں۔

جہانگیر۔ اچھا میں یہ مان لیتا ہوں کہ اس کو گھر چھوڑنا پڑا۔

رانشش۔ نہ صرف گھر بلکہ ماں باپ دوست احباب سب۔ پھر وہ ایک اجنبی دنیا میں پہنچی۔ باپ کے ڈر سے اپنے بچّے کو ختم کرنے کے لئے مگر وہ ماں تھی ــــ آہ ماں کی ــــ ممتا۔

جہانگیر۔ وہ میرے پاس کیوں نہ آئی۔ میں اس کی مدد کرتا۔

راکھشش ۔ تجھے سب خبر تھی ۔ اس کی مصیبتوں اور فاقوں کا حال تجھے معلوم تھا مگر تو نے آج تک اس کی اور اپنے بیٹے کی کوئی خبر نہ لی۔

جہانگیر ۔ مگر وہ بچہ کہاں ہے ۔؟

راکھشش ۔ تیرے سامنے ہے !

جہانگیر ـــــ تم ـــــ

راکھشش ۔ ہاں میں ہوں وہ تیرا بدنصیب بیٹا ۔ سالہا سال تک مارا مارا پھرتا رہا۔ آخر تمہارے پاس پہنچ ہی گیا ۔

جہانگیر ۔ مجھ پر رحم کر ۔ میں بوڑھا ہوں ۔ اب جو کچھ میرے پاس ہے وہ تو لے لے اور چل میرے ساتھ چل (جہانگیر کھانستا ہوا آگے بڑھتا ہے ۔)

(دونوں کے چلنے کی آواز)

راکھشش ۔ اچھا تہمینہ ! یہ ہار تم لے لو چاہے اس کو آتش کدہ میں بھینٹ چڑھا دینا چاہے بیچ کر غریبوں کو تقسیم کر دینا ۔ اچھا شہزاد ۔ خوش رہو ۔ اور مجھے معاف کرنا کہ میں نے تمہارے سانگ میں کھنڈت ڈال دی مگر فرمانہ کے ساتھ شادی مبارک

شہزاد ۔ آپ کا ـــــ شکریہ ۔

فرمانہ ۔ ہمیں امید ہے کہ آپ بھی خوش و خرم رہیں گے ۔

راکھشش ۔ میری زندگی تو محض ایک کام کے لئے وقف تھی جو اب پورا ہو گیا ہے اور جب وہ پورا ہو گیا تو میں جا رہا ہوں ـــــ (زور سے اور سختی سے ہنستا ہوا چلا جاتا ہے)

(قہقہوں میں ڈرامہ ختم ہو جاتا ہے)

☆☆☆

انوکھا پریم

افرادِ تمثیل

نوکر	رانی کا ملازم
رام پیاری	کنول کی ملازمہ
رانی پریم کنور	سابق فلم اسٹار ایک راجہ کی بیوی
کنول پریم نگری	ایک نوجوان شاعر
تیواری	کنول کا دوست

پہلا منظر

کنول (پریم نگری) کے دارالمطالعہ کا کمرہ نہایت خوبصورتی کے ساتھ سجا ہوا ہے چھوٹا سا خوب صورت سوفا سیٹ رکھا ہوا ہے۔ الماریوں میں کتابیں چنی ہوئی ہیں لکھنے کی میز پر کنول پریم نگری کی ایک تصویر اور اس کے دائیں بائیں دو نفیس چوکھٹوں میں رانی پریم کنور کی دو تصویریں آویزاں ہیں۔

(دروازہ کھٹ کھٹانے کی آواز آتی ہے)

خادمہ۔ کون ہے؟ ارے کون ہے بھیا؟

باہر سے آواز۔ دروازہ کھولو۔ یہ کنول جی کا مکان ہے نا۔

خادمہ۔ (دروازہ کھولتے ہوئے) ہاں یہ کنول جی کا ہی مکان ہے!
کہو کیا بات ہے؟

نوکر۔ رانی جی تشریف لائی ہیں۔

خادمہ۔ رانی جی؟ کون رانی جی۔؟

نوکر۔ رانی پریم کنور جی۔

خادمہ۔ رانی پریم کنور۔ او ہو رانی پریم کنور۔ اچھا ابھی دروازہ کھولتی ہوں

(نوکر کے جانے اور رانی کے آنے کی آواز زیورات کی چھن چھن اور کپڑوں کی سرسراہٹ)۔

خادمہ ۔ آئیے آئیے مہارانی جی پدھاریئے۔
رانی ۔ کنول جی یہیں رہتے ہیں۔
خادمہ ۔ جی ہاں مہارانی جی!
رانی ۔ تم کون ہو! وہ کہاں ـــــ؟
نوکرانی ۔ جی مہارانی میں ان کی نوکرانی ہوں۔ وہ ابھی دفتر سے واپس نہیں آئے۔
رانی ۔ کب آئیں گے
خادمہ ۔ ابھی آتے ہی ہوں گے ٹھیک ساڑھے پانچ بجے وہ یہاں پہنچ جاتے ہیں۔ آپ پدھاریں ۔ آجائیں گے وہ۔

(رانی کے صوفے پر بیٹھ جانے کی آواز)

رانی ۔ کنول جی کویتا لکھتے ہیں نا ـــــ
خادمہ ۔ ہاں مہارانی جی وہ بہت بھاری کوی ہیں۔
رانی ۔ پتر سہاگ میں انہوں نے ہی وہ کویتا "رانی کے چرنوں میں" چھپوائی ہے؟
خادمہ ۔ چھپوائی ہوگی مہارانی جی ۔ پر مجھے کیا خبر۔
رانی ۔ کنول جی کی پتنی کہاں ہے ۔!
خادمہ ۔ میری رانی کنول جی ابھی کنوارے ہیں ـــ مگر آپ کو خبر نہیں ـــ ہے؟
رانی ۔ اوہو میری رانی ـــ تم ہمیں کیسی جانتی ہو ـــ؟
خادمہ ۔ میں اپنی رانی کو خوب اچھی طرح جانتی ہوں ۔ جیون نیا میں آپ نے ہی تو کام کیا تھا۔
رانی ۔ اچھا تو تم ہمیں جب سے اب تک نہیں بھولیں۔

خادمہ ۔ کیسے بھول سکتی تھی میں اپنی مہارانی کو۔

رانی ۔ چار پانچ سال ہو گئے جب سے میرا بیاہ ہوا ہے۔ میں نے کسی فلم میں کام نہیں کیا۔ اتنے دنوں میں تو بھول جانا چاہیئے تھا۔

خادمہ ۔ شاید بھول جاتی مگر کنول جی تو اکثر آپ کا ذکر کرتے رہتے ہیں پھر میں کیسے بھول سکتی تھی ــــــ؟

رانی ۔ اچھا کنول ہمارا ذکر بھی کرتے رہتے ہیں۔ ممکن ہے شاید انہوں نے کہیں ہمیں دیکھا ہو ــــــ یا پردۂ فلم کی ہی یاد باقی ہو۔

خادمہ ۔ (جھجکتے ہوئے) مہارانی صاحبہ آپ بھول رہی ہیں یا دل لگی کر رہی ہیں۔ وہ تو اکثر آپ سے ملاقات کرتے رہتے ہیں۔

رانی ۔ ہاں۔ یہی تو ہم معلوم کرنے آئے ہیں کہ انہوں نے ہم سے کب ملاقات کی تھی!

خادمہ ۔ میری مہارانی مجھ سے پردہ رکھ رہی ہیں! مگر مجھے سب معلوم ہے۔

رانی ۔ کیسا پردہ تمہیں کیا معلوم ہے بتاؤ۔

خادمہ ۔ رانی جی! کنول جی اور آپ کی دوستی کا حال مجھے سب معلوم ہے اچھا میں آپ کی تصویر لا کر دکھاتی ہوں۔

(خادمہ کے حرکت کرنے اور تصویر اٹھانے کی آواز)

خادمہ ۔ مہارانی جی دیکھئے یہ آپ کی ہی خوب صورت تصویریں ہیں نا؟

رانی ۔ (تصویر لیتے ہوئے) ہاں یہ تصویریں تو ہماری ہی ہیں ــــــ اچھا اس پر لکھا کیا ہے ــــــ

کوئی کنول جی کی بھینٹ ـــــ آپ کی ـــــ اور صرف آپ کی پریم ـــــ

اور دوسری پر کیا لکھا ہے ـــــ!

میں ہوں آپ کی داسی ـــ پریم ـــ خوب ـــ میں ہوں آپ کی داسی۔

(جھلاکر) یہ تو کوئی اول درجہ کا لفنگا ہے اب سمجھی میں یہ اسی طرح

لوگوں کو دھوکا دیتا ہوگا کہ رانی پریم کنور مجھے بہت چاہتی ہے اچھا

ہم تجھے اس کا مزہ چکھاتے ہیں ـ مکار ٹھہر جا۔

خادمہ ـ (خوف زدہ ہوکر) مہارانی جی میری سمجھ میں نہیں آتا کہ آپ اتنی ناراض

کیوں ہو رہی ہیں۔

رانی ـ ناراض کیوں ہو رہی ہوں ؟ (چڑ کر) ہم اس کے ٹکڑے ٹکڑے اڑوا دیں گے

اس بدمعاش نے سمجھا کیا ہے ـــــ ؟

خادمہ ـ مہارانی جی (خوشامد سے) کنول جی تو بہت بھلے آدمی ہیں۔

رانی ـ (جھلاتے ہوئے) بھلا آدمی ہے بھلے آدمیوں کے یہ کام ہوتے ہیں ـ کہ

خواہ مخواہ کسی کی بہو بیٹی کو بدنام کرتے پھریں میں پہلے بھی یہ سن چکی ہوں

وہ بے پر کی اڑاتا پھرتا ہے کہ رانی اس سے پریم کرتی ہے ـ میری عزت کے

پیچھے پڑا ہے ؟ اگر راجہ صاحب نے سن لیا تو کیا ہوگا ـــــ ؟

خادمہ ـ مہارانی جی وہ سچ مچ آپ کے پجاری ہیں۔

رانی ـ یہ اچھی پوجا ہے ! کہ ہم اس کو جانتے تک نہیں اور وہ ہماری تصویروں

پر لکھتا ہے کہ ہم اس کی داسی ہیں ـ

خادمہ ـ ہے پرماتما ! سمجھ میں نہیں آتا یہ کیا بات ہے۔

رانی ۔ سب سمجھ میں آجائے گا۔ اس بہتان کی سزا اُسے ضرور ملے گی۔

خادمہ ۔ (خوشامد سے) مہارانی جی یقین جانیے کنول جی بہت ہی شریف آدمی ہیں وہ تو ہر عورت کو اپنی بہن اور ماتا کے برابر سمجھتے ہیں۔

رانی ۔ کیوں نہیں یہ تو ان کی حرکتوں سے ظاہر ہے۔

خادمہ ۔ ہاں شاید آج ہی صبح تو وہ مجھ سے کہہ رہے تھے کہ کل شام کو انہوں نے آپ کے ساتھ چلنے پر کہا تھا۔ اور آج شام کو آپ کو ملنے کا وعدہ ہے

رانی ۔ اور یہی تو ہم کہہ رہے کہ یہ سب بہتان کیوں ——— آخر تم نے وہ

خادمہ ۔ ٹھیک ہے۔ پر ان کی نیت بُری نہیں ہے۔ وہ تو بہت نرم دل اور شریف آدمی ہیں۔

رانی ۔ شریف ۔ ایسے شریف بدمعاش بہت ہیں آج کل ۔ اچھا ہم اس سے خود بات کریں گے دیکھو تم کنول سے ہرگز نہ کہنا کہ ہم یہاں آئے تھے۔

خادمہ ۔ مہارانی جی۔ نہیں میں ایک شبد بھی نہ کہوں گی جو آپ کی اچھیا۔

رانی ۔ ہاں تم ایک شبد بھی نہ کہنا۔ ہم آپ دیکھ لیں گے۔

خادمہ ۔ بہت اچھا مہارانی جی بہت اچھا۔

(باہر سے ٹین کا لیٹر بکس کھولنے کی آواز آتی ہے)

خادمہ ۔ (گھبرا کر) اوہ کنول جی تو آگئے ——— اب کیا ہوگا؟

رانی ۔ آگئے؟ کہاں۔

خادمہ ۔ وہ لیٹر بکس کھول کر چٹھیاں نکال رہے ہیں۔

رانی ۔ اب ہم کدھر سے باہر جائیں ——— اس کا کوئی دوسرا دروازہ ہے؟

خادمہ ۔ (گھبرائے ہوئے) نہیں اور کوئی دروازہ نہیں ہے۔

(تھوڑی دیر سکوت)

رانی ۔ سونے کا کمرہ کدھر ہے ——— ؟

خادمہ ۔ یہی کھبے ہاتھ کو جو دروازہ ہے۔

رانی ۔ اچھا ہم اس میں چلے جاتے ہیں مگر تم ان سے بالکل نہ کہنا کہ ہم اندر ہیں

خادمہ ۔ نہیں نہیں رانی جی ۔ میں کچھ نہیں۔

(رانی دروازہ کھول کر اندر گھس جاتی ہے)

(کنول کے اندر گھسنے کی آواز آتی ہے)

خادمہ ۔ بابوجی آگئے ہیں !

کنول ۔ ہاں !

اوہو آج یہ سینٹ کہاں سے لگا آئیں ۔ کتنی اچھی خوشبو ہے۔

خادمہ ۔ بابوجی ۔ میں نے تو کچھ بھی نہیں لگایا۔

کنول ۔ مگر خوشبو تو آرہی ہے۔

خادمہ ۔ بابوجی آپ کی طبیعت پرمیشور کی دیا سے آج بہت خوش معلوم ہورہی ہے۔

کنول ۔ ہاں آج میں بہت خوش ہوں ۔ آج میں رات کو اپنی رانی کے ساتھ سنیما جاؤں گا۔ کھانا بھی اس کے ساتھ کھاؤں گا۔ اچھا چائے جلدی سے لے آؤ

خادمہ ۔ بہت اچھا بابوجی مگر بابوجی یہ آپ نے رانی کی تصویر یہاں کیوں لگائی ہے۔ آپ کے دوست دیکھتے ہیں ۔ خواہ مخواہ کوئی جھگڑا پیدا نہ ہوجائے۔

کنول ۔ کیسا جھگڑا ۔۔؟ زیادہ سے زیادہ یہ ہے کہ میرے دوست حسد کی آگ سے جل کر راکھ ہو جائیں گے ۔۔ اور کیا ہوگا ۔ اور بہت سے لوگ تو مجھے رانی کے ساتھ دیکھ کر میری بڑی وقعت کرتے ہیں ۔

خادمہ ۔ لیکن اگر راجہ جی کو معلوم ہو گیا تب ۔۔؟

کنول ۔ راجہ ! وہ بے وقوف بڈھا ۔ اسے کیا معلوم ہوگا ۔۔ اچھا ۔۔ جلدی کرو ۔ چلنے لاؤ مجھے جانا ہے ۔ رانی انتظار کرتی ہوں گی ۔

خادمہ ۔ (جاتے ہوئے دبی آواز سے) اچھا بابو جی ۔ اچھا ۔

(خادمہ کے جانے اور کنول کے صوفہ پر بیٹھنے کی آواز)

کنول ۔ (اپنے آپ سے) آج صبح سے اخبار بھی تو نہیں دیکھا ۔۔ اتنے یہی دیکھ ڈالوں ۔ اخبار پلٹنے کی آواز آتی ہے

کنول ۔ ہونہہ ۔ ہٹلر کا بہار کا حملہ بھی ختم ہو گیا ۔

(تھوڑا سا وقفہ)

(خواب گاہ کا دروازہ کھلنے کی آواز)

کنول ۔ یہاں کون ہے اندر ۔۔ کون ہے اندر ۔۔؟

رانی ۔ اوہو کوی جی اپنی داسی کو نہیں پہچانتے ۔۔؟

کنول ۔ (گھبرا کر) ہیں تم ۔۔ ہے پرماتما کیا ماجرا ہے ؟

رانی ۔ میں رانی تمہاری ۔۔؟ میں تو تمہاری پریم پیاری ہوں تمہاری داسی

کنول ۔ مگر رانی جی آپ نے کیسے تکلیف فرمائی ....؟

رانی ۔ کوی جی آخر یہ مذاق کیا ہے ۔ کل شام کو تم نے مجھ سے نہیں کہا تھا کہ میرے

تم آنا۔ وہاں سے ہم سینما چلیں گے۔

کنول ۔ میں نہیں سمجھا۔ کیا واقعی تم رانی پریم کنور ہو ــــ؟
آخر آپ چاہتی کیا ہیں ـــ؟

رانی ۔ ہاں میں رانی پریم کنور ہوں ـــ اور میں کیا چاہتی ہوں یہ تم نہیں جانتے؟ آخر اپنی پریم پیاری سے ایسے سوال آپ کیوں کر رہے ہیں۔ کل شام کو اتنی محبت کا اظہار کر رہے تھے اور اب بھول گئے

کنول ۔ رانی جی مجھے معاف فرمائیں۔ میں کل شام کو آپ سے نہیں ملا ــ میں تو کل رات گئے تک کلب میں اپنے دوستوں کے ساتھ برج کھیل رہا تھا۔

رانی ۔ اب بے کار نہ الجھو ــــ اب تو تم وہ تحفہ محبت کا تحفہ بھی بھول جاؤ گے جو تم نے اپنی کویتا کے ساتھ مجھے پچھلے ہفتہ دیا تھا۔ اور جو ہماری زندگی کا سب سے انمول خزانہ ہے۔

کنول ۔ رانی جی پچھلے ہفتہ تو میں بنارس میں ایک کوی سمین میں شریک ہونے کے لئے گیا ہوا تھا۔

رانی ۔ تمہارے تو حواس کھوئے جا رہے ہیں۔ ہم نے کوئی بھلکڑ آدمی دیکھا نہیں ــــ شام کو ملنے اور سینما چلنے کے لئے ہمارا خط آج تم کو ملا تھا یا نہیں؟

کنول ۔ (چونک کر) خط ـــ؟ کیسا۔

رانی ۔ وہ خط جو ہم نے آج تم کو لکھا تھا اور اب تمہیں ملا ہوگا۔

کنول ۔ مجھے تو یہ خط ابھی ملا ہے۔ مگر رانی جی نے تو نہیں لکھا۔

رانی ۔ لاؤ مجھے دکھاؤ یہ خط ــــ ہم نے ہی تو یہ لکھا ہے ـــ ـــ دیکھو پڑھو۔

اس میں لکھا ہے نا کہ میرے پیارے کوی شام کو ٹھیک ساڑھے چھ بجے
سینما پر ملنا دیر نہ ہو تمہاری داسی پریم۔

کنول ۔ مگر رانی جی یہ تو مکاندار کا نوٹس ہے کہ آٹھ دن کے اندر تین مہینے کا کرایہ
ادا کر کے مکان خالی کر دو ورنہ تمہارے خلاف قانونی کارروائی کی جائے گی۔

رانی ۔ (بات کاٹتے ہوئے) پیارے کنول ۔ پریم نے تمہیں بالکل پاگل بنا دیا ہے

کنول ۔ (بے حد پریشان ہو کر) رانی جی مجھے نہ ستاؤ — میں تمہیں نہیں جانتا ۔
مجھ پر رحم کرو ۔ ورنہ سچ مچ ہی پاگل ہو جاؤں گا آہ (چلا کر) یہ کیا کر رہی ہو

رانی ۔ (دکھی ہو کر) آہ تم مجھے بھول گئے — اپنی محبوبہ کو پہچانتے تک نہیں —
پریم نے تمہاری یادداشت کو بالکل برباد کر دیا ہے —

کنول ۔ رانی تم — میرے یہاں — میرے یہاں — ؟

رانی ۔ ہاں پریمی میں تمہارے یہاں آئی ہوں — تمہارے یہاں —

کنول ۔ (چلا کر) رانی تم میرے یہاں — رانی —

رانی ۔ (ذرا جلدی سے) میرے پیارے کنول پرماتما کے لئے تم ہوش میں آؤ
میری طرف دیکھو مجھے پہچانو — اچھا تم مجھے نہیں پہچانتے تو اس ساری
کو پہچانو — یہ تم نے مجھے بنارس سے لا کر دی تھی نا — ؟ تم کہہ رہے
تھے کہ میں اس کو باندھ کر پرستان کی پری معلوم ہوں گی۔

کنول ۔ یہ ساری تو ضرور میں بنارس سے لایا تھا — مگر میں نے یہ آپ کو نہیں دی تھی

رانی ۔ یاد کرو جب تم ہمارے محل میں آئے تھے جب یہ ساری تم نے ہمیں دی تھی۔

کنول ۔ میں تمہارے محل میں — میں تمہارے —

رانی ۔ ہاں ہاں تم ہمارے محل میں ۔ ہمارے محل میں ۔۔۔۔ تم پریمی ۔

کنول ۔ نہیں نہیں رانی جی ۔ مجھے پاگل نہ بناؤ ۔

رانی ۔ اچھا اگر ہم نے تمہیں اپنی یہ تصویریں نہیں دیں تو تمہیں کس نے دی ہیں یہ تصویریں — !

کنول ۔ یہ تو میں نے ایک فوٹوگرافر کے ہاں سے بڑی قیمت دے کر خریدی ہیں ۔

رانی ۔ اچھا یہ تصویریں تم نے اگر خریدی ہیں تو اس پر میرے دستخط کس نے کئے اور یہ کس نے لکھا کہ میں ہوں آپ کی داسی ۔

کنول ۔ یہ تو میں نے اپنے دفتر کی ایک عورت ہیرا سے پریم لکھوایا تھا

رانی ۔ اچھا تم موسم بہار کی وہ سہانی رات بھی بھول گئے جب آکاش پر تارے جگمگ جگمگ کر رہے تھے اور ہم دونوں ندی کے کنارے بیٹھے ہوئے پریم کے گیت گا رہے تھے اور تم نے اپنی ایک نظم رانی کے چرنوں میں ۔ آنسوؤں کا مینہہ برساتے ہوئے گائی تھی اور اپنی ودھوا ماتا کا ذکر کیا تھا ۔

کنول ۔ میں نے اپنی ودھوا ماتا کا ذکر ہیرا سے کیا تو تھا مگر ـــــ

رانی ۔ ہم سے ہی تم نے ذکر کیا تھا اور ہم نے ہی تصویر پر لکھا تھا ۔

کنول ۔ تو پھر آپ ہیرا ہیں — ؟

رانی ۔ نہیں نہیں ۔

کنول ۔ مجھے معاف کردو ۔ پرماتما کے لئے جاؤ (چلاّ کر) میں پاگل ہو جاؤں گا ۔ میں پاگل ہو جاؤں گا ۔

رانی ۔ (روتے ہوئے) ہائے ہائے تم ہمیں نکال رہے ہو ۔ ہمیں ٹھکرا رہے ہو

انوکھا پریم (ڈرامے) 117 نقی نور دہلوی

کل ہمارے آگے ایڑیاں رگڑتے تھے۔ آج ہمیں اپنے گھر سے باہر کر رہے ہو
مرد اتنے جلدی بدل جاتے ہیں۔ یہ ہے آج کل کا پریم۔

کنول۔ (بات کاٹتے ہوئے) اُخوہ! میرا دماغ خراب ہو گیا ہے۔ تم جاؤ ——
پرماتما کے لئے جاؤ۔

رانی۔ تم ہمیں نکال رہے تو ہم جا رہے ہیں —— اب ہم کبھی نہیں آئیں گے۔
اب تم ہمارے پریم کا نام کبھی نہ لینا۔ اور اگر تم نے ہمارا نام لیا تو اچھا نہ
ہوگا —— سمجھے!

(رانی کہتے کہتے سونے کے کمرے میں گھس جاتی ہے)
(خادمہ آتی ہے۔ چائے کے برتن لانے کی آواز)

خادمہ۔ بابوجی چائے لے آئی —— کیا بات ہے۔ بابوجی آپ کا چہرہ کچھ اترا ہوا معلوم
ہو رہا ہے۔ کیسی طبیعت ہے —— ؟

کنول۔ کچھ نہیں —— ہاں یہ سونے کے کمرے میں کون ہے۔ ؟

خادمہ۔ کوئی نہیں۔

کنول۔ رانی جب یہاں آئیں تو تم نے نہیں دیکھا۔

خادمہ۔ نہیں میں نے کسی کو نہیں دیکھا۔

کنول۔ آہ میرے دماغ کو کیا ہو گیا ہے —— میرا سر درد کے مارے پھٹا جا رہا ہے

(رانی خوابگاہ میں سے زیورات پہن کر واپس آنے لگتی ہے)

کنول۔ دیکھو وہ دیکھو۔ کون ہے —— ؟ وہ کون آ رہا ہے۔

(زیورات کے ساتھ آنے کی آواز قریب تر ہو جاتی ہے۔

بھونرا: رانی نہیں تو اور کون ہے ـــــ!

خادمہ۔ جی باں جی۔

رانی ۔ کہئے کنول جی صاحب۔ اب بھی آپ ہمیں بدنام کرتے رہیں گے!

کنول۔ رانی جی مجھے معاف کرو۔ یہ مجھ سے بہت بڑی غلطی ہوئی ہے میں مجرم ہوں مجھے اپنی حماقت پر سخت افسوس ہے۔ میری بھول تھی۔

رانی ۔ ایک پاک دامن عورت کی آبرو پر بٹّہ لگانے کے بعد اب آپ کو افسوس ہو رہا ہے حماقت نہیں، انتہائی ظلم ہے۔

کنول ۔ رانی جی آپ کو یہ کیسے معلوم ہوا ہے ؟

رانی ۔ کیسے معلوم ہوا ؟ تم نے اپنے اس انوکھے پریم کو کیا چھپا رکھا تھا جو ہمیں معلوم نہ ہوتا۔ تم نے تو اپنی اس بے وقوفی کو زیادہ شہرت دی۔

کنول۔ مہارانی یقین کرو کہ میرے گمان میں بھی یہ بات نہ آئی کہ میرے درد بھرے جیون کے اس ڈگمگاتے رومان کا ایک لفظ بھی اس بلندی اور اونچائی تک پہنچ سکے گا۔ جہاں تم رہتی ہو۔

رانی ۔ رومان ؟ ایک معصوم عورت کی آبرو کو ٹھیس لگانا بھی کوئی رومان ہے۔

کنول۔ آپ بالکل ٹھیک کہتی ہیں۔ مگر حقیقت یہ ہے کہ یہ میری غم زدہ زندگی کا پہلا اور آخری رومان ہے۔

رانی ۔ (ہنستے ہوئے) اور ہو ـــــ لیلیٰ کہنے ہیں آپ کی شاعری کے۔

کنول ۔ بے شک آپ میرا مذاق اُڑائیں۔ آپ کو پورا پورا حق ہے جو چاہیں سو کہیں مگر یہ واقعہ ہے کہ میں نے اس حماقت جنون باجو کچھ بھی اسے کہیں

کہیں اس میں کئی برس سے مبتلا ہوں۔ میں آپ سے ملاقات کا شرف حاصل کرنا ناممکن سمجھتا تھا۔ اور مجھے ہرگز یہ امید نہ تھی کہ کبھی میں آپ کے چرنوں میں بیٹھ کر اپنے پریم کی کتھا سنا سکوں گا ـــ مگر میں رات کی تنہائی اور اندھیرے میں آپ کی محبت کے گیت گایا کرتا تھا۔ پہلے میں چپکے چپکے گایا کیا۔ پھر جب تصور کی دنیا سے آپ کی سندر مورتی کو اپنی آنکھوں کے سامنے لانے لگا تو میں نے پریم کے گیت زور زور سے گانے شروع کئے۔ میرے دوستوں کے حلقے میں محبت کی کہانی عام ہوگئی۔ اور میرے ساتھ دوسروں نے بھی یہ یقین کر لیا کہ ہم دونوں ایک لازوال اتحاد ان مٹ محبت کے رشتے میں بندھے ہوئے ہیں۔

رانی ۔ (متاثر ہوکر) آہ غریب کنول۔ کہدے جملے کنوں

کنوں ۔ مہارانی۔ پرماتما کے لئے مجھے معاف کردو مجھ سے خفا نہ ہو۔

رانی ۔ نہیں کنوں اب ہم تم سے خفا نہیں ہیں۔ ہمارے دل کا غبار نکل گیا۔ کاش تم نے یہ ہم سے پہلے کہہ دیا ہوتا۔ ـــ!

کنول ۔ اگر پہلے کہہ دیتا تو کیا ہوتا۔ رانی۔

رانی ۔ کچھ نہیں کنول ـــ کچھ بھی نہیں ـــ اچھا اب ہم جاتے ہیں۔

کنول ۔ مہارانی ـــ

رانی ۔ ہمیں آئے ہوئے بہت دیر ہوگئی۔ اچھا

(رانی باہر چلی جاتی ہے)

کنول ۔ رام پیاری دیکھا مہارانی کیسی رحم دل خوش مزاج اور نیک ہیں۔

اس شاہانہ خوب صورتی کے ساتھ ایسا غریب پرور دل تو میں نے آج تک دیکھا نہیں۔

خادمہ۔ بابوجی ٹھیک ہے۔ وہ ایسی ہی ہوں گی جیسی آپ فرما رہے ہیں۔

کنول۔ کیا تم نے انہیں نہیں دیکھا۔ جب وہ باہر آئی ہیں اور انہوں نے مجھ سے باتیں کی ہیں تو تم نے رانی کو نہیں دیکھا ——؟

خادمہ۔ نہیں بابوجی میں نے تو کسی کو دیکھا نہیں اور نہ یہاں کوئی آیا۔ یہ آپ کا تصور ہے۔

اچھا یہ ہمارا تصور ہے! ہوگا! ہو سکتا ہے۔ ہو سکتا ——

(باہر سے کسی کے چلّانے کی آواز آتی ہے)

باہر سے آواز۔ آیئے کنول جی۔ کنول جی۔ کنول جی۔ ارے یار آگئے۔

کنول۔ کون ہے رام پیاری ——؟

خادمہ۔ تیواڑی صاحب ہیں بابوجی۔

کنول۔ (زور سے) تیواڑی صاحب اندر آجاؤ۔

دروازہ کھلنے اور تیواڑی صاحب کے اندر آنے کی آواز آتی ہے)

تیواڑی۔ کہو دوست آج ہم بھی اچھے موقع پر پہنچے۔ خوب پکڑا بھئی ہمیں تو یقین نہیں تھا کہ رانی تم سے پریم کرتی ہے۔ مگر آج اپنی آنکھوں سے اس کو تمہارے گھر سے نکلتے ہوئے دیکھ لیا تو یقین آیا۔ مبارک ہو۔

کنول۔ کیسی رانی! پاگل تو نہیں ہو گئے ہو —— یہاں سے کوئی رانی وانی نہیں گئی۔

تیواڑی۔ یار اب چھپائے سے کیا ہوتا ہے۔ ہمیں کیوں بناتے ہو۔

کنول - کیوں فضول بکواس کر رہے ہو۔

تیواڑی - کیا رانی پریم کنور ابھی تمہارے گھر سے نکل کر نہیں گئیں - ؟

کنول - تیواڑی صاحب زبان کو لگام دو - اگر تم نے اب کے کسی شریف عورت کا نام لیا تو اچھا نہ ہوگا -

تیواڑی - کیا میں غلط کہہ رہا ہوں ــــ اور ابھی یہاں سے ــــ

کنول - (جھلا کر) تیواڑی صاحب میں تمہیں پھر سمجھا رہا ہوں - اگر اب کے تم نے ایک ستی استری کی آبرو پر حرف گیری کی تو کتے کی موت مار دوں گا - کسی شریف عورت کی عزت پر حملہ کوئی شریف برداشت نہیں کر سکتا -

تیواڑی - کنول جی ہوش کی دوا کرو -

کنول - (رک رک کر) تیواڑی جی ــــ ہوش ہی میں تو آگیا ہوں، اتنے زمانے تک غفلت کے نشے میں رہا - آج ہوش کی دوا مل گئی ہے - نشہ اُتر چکا ہے اور انسانیت کی حدیں سمجھ چکا ہوں -

تیواڑی - کنول جی ــــ یہ کیا ہو گیا تمہیں ــــ آج -

کنول - (ہنستا ہے پاگلوں کی طرح) مجھے اب کچھ نہیں ہو سکتا - میں اب ہوش میں آچکا ہوں -

☆☆☆

نقی نور کے منتخب افسانوں کا ایک مجموعہ

عورت کا دل

مصنف : نقی نور دہلوی

بین الاقوامی ایڈیشن جلد منظر عام پر آ رہا ہے